Deutsch
Grammatik
3. Klasse

Schroedel
westermann

LERN STARK!

Deutsch
Grammatik 3. Klasse

Autorin:

Annette Weber wurde 1956 in Lemgo geboren.
Sie arbeitete lange Zeit als Grundschullehrerin, schrieb aber nebenbei
immer Kinder- und Jugendliteratur und verfasste Unterrichtsmaterialien.
Seit 2002 ist Annette Weber als freie Autorin tätig.

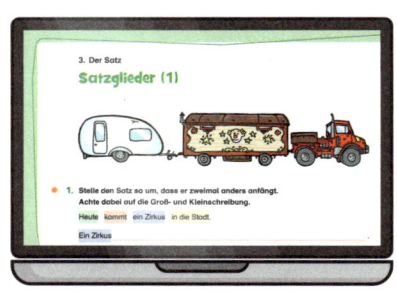

Weitere Aufgaben zum Herunterladen
und Ausdrucken gibt es im Internet unter
www.schroedel.de/lernstark

westermann GRUPPE

© 2018 Bildungshaus Schulbuchverlage
Westermann Schroedel Diesterweg Schöningh Winklers GmbH, Braunschweig
www.schroedel.de

Druck[1] / Jahr 2018

Redaktion: Katrin Spiller
Kontakt: lernhilfen@westermanngruppe.de
Illustrationen: Hans-Jürgen Feldhaus, Münster und Evelyn Neuss, Hannover
Umschlag: Enrico Casper – Kommunikation & Design, Braunschweig
Umschlagillustration: Thies Schwarz, Hannover
Layout: Klaxgestaltung, Braunschweig
Druck und Bindung: westermann druck GmbH, Braunschweig

ISBN 978-3-507-**23276**-1

So funktioniert Lernstark

Liebe Schülerin, lieber Schüler,

mit diesem Buch kannst du die Inhalte des Deutschunterrichts im 3. Schuljahr zum Lernbereich Grammatik wiederholen und üben. Zu jedem wichtigen Thema gibt es eine **Doppelseite**. So wird der Stoff in übersichtliche Einheiten gegliedert, die dir das Lernen erleichtern.

Anschaulich erklärte **Regeln** und hilfreiche **Tipps** helfen dir bei der Bearbeitung der Aufgaben.

Am Ende jeder Lerneinheit überprüfst du mit einem **Test** deinen Lernerfolg.

Mithilfe des **Lösungsheftes** hinten im Buch kannst du kontrollieren, ob du alle Aufgaben richtig bearbeitet hast. Hier findest du auch die Auswertungen zum Test.

Bei der Arbeit mit diesem Buch stehen dir Fred und Ratze mit Tipps und Tricks zur Seite.

Ich bin Fred!

Und ich bin Ratze!

Sollte es im Buch einmal nicht genug Platz für die Bearbeitung der Aufgaben geben, nimm einfach ein Heft zur Hand.

Wenn du noch mehr üben möchtest, findest du im Internet unter **www.schroedel.de/lernstark** weitere Aufgaben, die du dir herunterladen und ausdrucken kannst.
Für die Eltern gibt es hier außerdem Tipps, wie sie dich beim Lernen unterstützen können.

Viel Erfolg!

Annette Weber

Inhaltsverzeichnis

4. Wortbildung

5. Der Satz

6. Satzglieder

Nomen bestimmen

In den Sommerferien fährt Jana mit ihrer Freundin Maria auf den Sonnenhof.

Der Sonnenhof ist ein Reiterhof und liegt in der Nähe von Bremen. Er gehört

der Familie Staufer. Bernhard Staufer züchtet Pferde, seine Frau Susanne gibt

Reitunterricht. Auch Jana und Maria haben jeden Tag vier Stunden Unterricht.

Jana reitet Diva, eine schöne Friesenstute. Marias Pflegepferd heißt Windspiel und ist

ein Hannoveraner. Auf dem Hof gibt es außerdem den großen schwarzen Labrador

Sam und die weiß-gelbe Siamkatze Sally. Es sind wundervolle Ferien.

Regel

Ein Mensch, ein Tier oder eine Stadt hat einen Namen: **Maria, Diva, Bremen**

Viele Nomen sind Namen

- für **Lebewesen**, also Pflanzen, Tiere und Menschen:
  die Blume, der Käfer, das Kind
- für Dinge, auf die man sehen oder die man sich vorstellen kann:
  die Ferien, der Hof, das Ohr

Nomen werden **großgeschrieben.**

---

1. **Schau dir das Bild an und lies die Geschichte.
Unterstreiche die Nomen.**

Namen und Nomen werden großgeschrieben.

2 **Weißt du noch, welchen Namen die Menschen, Tiere und Dinge haben?**
Schreibe sie auf. Die Silben helfen dir dabei.

a   bre   frie   di   fer   hof   ja   ly   se   ma   men

han   na   ne   nen   ri   sal   san   sam   no   ve

son   su   spiel   ra   stau   va   wind   ner   sal

Name des Reiterhofes: ....

Name der Stadt, in der der Hof liegt: ....

Name des einen Mädchens: ....

Name ihrer Freundin: ....

Name von Janas Pflegepferd: ....

Name von Marias Pflegepferd: ....

Name der Pferderasse von Diva: ....

Name der Pferderasse von Windspiel: ....

Familienname der Pferdehofbesitzer: ....

Name der Reitlehrerin: ....

Name der Katze: ....

Name des Hundes: ....

Der bestimmte Artikel

1. Auf dem Reiterhof gibt es Pferde, aber auch viele andere Tiere.
Ordne die Tiere den Tierfamilien zu. Achte dabei auf den richtigen Artikel.

   Ochse   Eber   Kalb

Hahn   Kuh   Sau   Küken

   Ferkel   Henne

der ....

die ....

das ....

der ....

die ....

das ....

der ....

die ....

das ....

2. Welchen bestimmten Artikel haben diese Nomen?
Male die Kästchen in der Farbe des richtigen Artikels aus.
Schreibe die Nomen mit dem bestimmten Artikel auf.

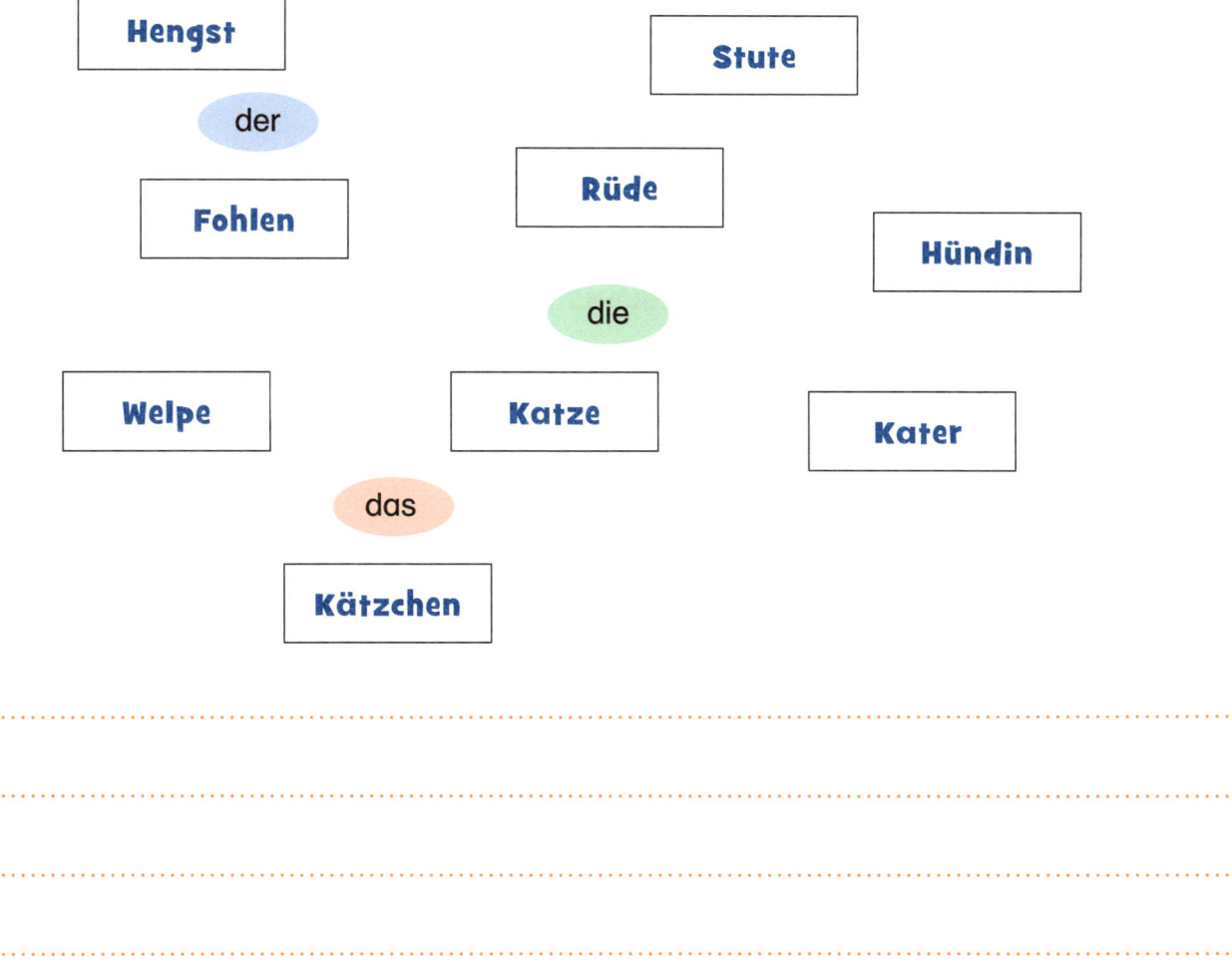

....

....

....

....

3. Weißt du auch für diese Nomen den richtigen bestimmten Artikel?
Schreibe auf.

....	Sommerferien	....	Sonnenhof
....	Reitlehrerin	....	Unterricht
....	Pflegepferd	....	Stall
....	Reithose	....	Sattel
....	Futter	....	Bürste
....	Gitter	....	Zaun

9

Der unbestimmte Artikel

1. In der linken Spalte der Tabelle stehen Nomen mit bestimmten Artikeln.
Schreibe in die rechte Spalte jedes Nomen mit unbestimmtem Artikel.

der – die – das	ein – eine – ein
der Reiterhof	ein Reiterhof
die Reithalle	
das Pferd	
der Sattel	
der Zügel	
die Reitlehrerin	

2. Welcher unbestimmte Artikel ist jeweils richtig?
Streiche den falschen durch.

ein  eine   ein eine

ein  eine   ein eine

3. Lies die Geschichte.

Prüfe bei jeder Lücke, ob ein bestimmter oder ein unbestimmter Artikel fehlt, und trage ihn ein.

Warum gibt es unterschiedliche Artikel?

Die Artikel in der Einzahl sind **männlich** (der, ein), **weiblich** (die, eine) oder **sächlich** (das, ein).

.... Sonnenhof ist .... Reiterhof, auf dem Maria und Jana

ihre Ferien verbringen.

Maria ist .... beste Freundin von Jana. Beide leben in Syke, das ist

.... kleine Stadt in Norddeutschland.

.... größte Stadt im Umkreis des Sonnenhofs heißt Bremen.

Bremen ist .... Hafenstadt.

Bernhard und Susanne Staufer sind .... Besitzer des Sonnenhofs.

Susanne Staufer ist .... Reitlehrerin auf dem Sonnenhof. Sie ist

.... sehr gute Lehrerin.

Auf dem Hof lebt .... Hund Sam. Er ist .... Labrador.

Jana reitet .... Pferd Diva. Diva ist .... Stute.

.... Pferd Windspiel ist Marias Pflegepferd. Es ist ....

Hannoveraner.

.... Siamkatze Sally liegt in .... Sonne. Sie ist

.... richtige Schmusekatze.

Nomen gut kennen

> **Tipp**
> Bei Eigennamen, Berufen und Mengen- oder Zeitangaben fällt der Artikel
> vor einem Nomen häufig weg:
> **Maria liebt Jan.**
> **Morgen haben wir Deutsch.**
> **Er trinkt Kaffee.**

1. **Ordne jeder Lücke das richtige Nomen zu. Verbinde den Satz mit dem passenden Bild. Schreibe das Nomen in die Lücke.**

Janas Pflegepferd frisst jeden Abend ....

Susanne ist ....

Der Labrador Sam muss am ....
zum Tierarzt.

Morgen haben wir um 9.00 Uhr ....

Maria trinkt gern .... , wenn sie
durstig ist.

Der Katze Sally sollte man lieber ....
zu trinken geben.

.... vertragen Katzen nicht.

.... ist Marias beste Freundin.

2. **Schreibe für jeden Beruf die weibliche Form auf.**

Herr Sattler ist Reitlehrer.   Frau Sattler ist ....

Ich bin Verkäufer.

Ich bin ....

Ich bin Gärtner.

Ich bin ....

3. **Schreibe für jeden Beruf die männliche Form auf.**

Frau Müller ist Tierärztin.   Herr Meier ist ....

Hanne Rusch ist Bäuerin.   Ihr Mann ist ....

Lotte Lila ist Köchin.   Lothar Lila ist ....

Carola Schmidt ist Zahnärztin.   Carl Schmelz ist ....

Einzahl und Mehrzahl

Ausritte sind besonders schöne Erlebnisse. Jana und die anderen Schüler reiten

durch die Felder. Die Pferde sind schnell.

Plötzlich brechen zwei Rehe aus dem Wald. Die Pferde erschrecken sich

und bäumen sich auf. Jana kann sich nicht halten und fällt in die Blumen.

Sie hat sich aber nicht wehgetan.

1. Lies den Text. Unterstreiche alle Nomen in der Mehrzahl.
Schreibe sie mit dem bestimmten
Artikel in die Tabelle.
Notiere Mehrzahl und
Einzahl mit dem Artikel.

Doppelte Wörter musst
du nur einmal eintragen.

Mehrzahl	Einzahl

2. Sieh dir die Nomen aus Aufgabe 1 noch einmal genau an. Wie wird ihre
Mehrzahl jeweils gebildet? Ordne richtig zu.

Mehrzahl = Einzahl + -n

die Blume – die Blumen

Mehrzahl = Einzahl + -se

Mehrzahl = Einzahl + -er

Mehrzahl = Einzahl + -e

Mehrzahl = Einzahl

Die Mehrzahlbildung ist
nicht immer einfach.

Merke dir immer Einzahl
und Mehrzahl gleichzeitig.

Zusammengesetzte Nomen

Regel

Nomen können sich aus zwei oder mehreren Wörtern zusammensetzen.
Das erste Wort heißt **Bestimmungswort**, das zweite Wort heißt **Grundwort**.
Der Artikel wird immer von dem Grundwort bestimmt:
das Pferd + die Decke = die Pferdedecke.

1. Bilde zusammengesetzte Nomen und schreibe sie mit ihrem bestimmten Artikel
auf. Die Bestimmungswörter musst du mehrfach verwenden.

Bestimmungswort	Grundwort	
Huf	Kratzer	der
	Decke	
	Salbe	
	Schmied	
Sattel	Tasche	
	Gurt	
	Eisen	

2. Erfinde selbst zusammengesetzte Nomen und schreibe sie auf. Die Bilder helfen
dir dabei, sie können sowohl das Bestimmungs- als auch das Grundwort sein.

Pferdestall ....

....

Arztkoffer ....

....

3. Sieh dich in diesem Reitergeschäft um.

Ordne die Dinge den verschiedenen Oberbegriffen zu.

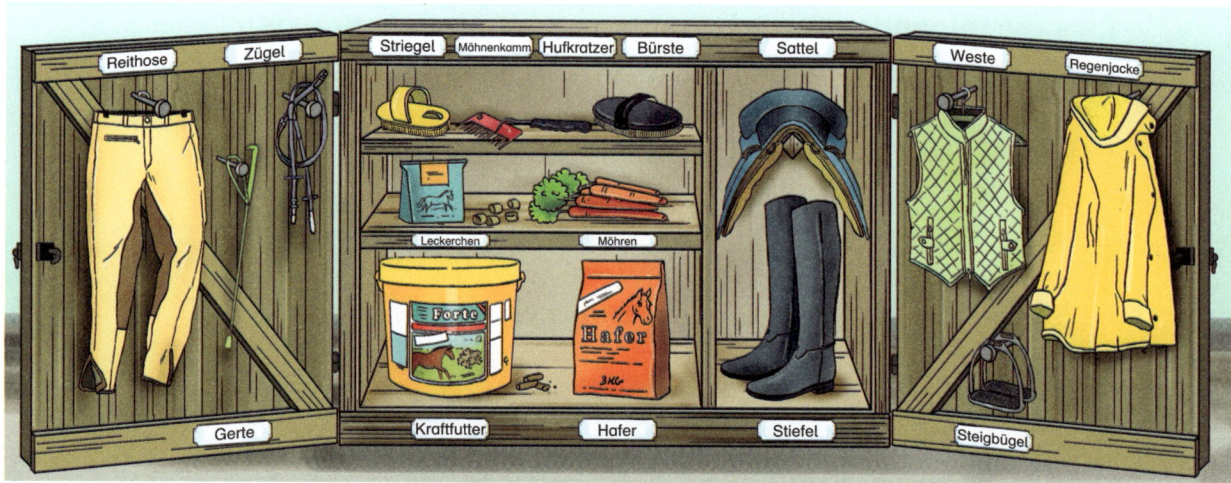

Putzzeug	Kleidung

Futtermittel	Reitzubehör

Das Pronomen (1)

1. **Abends spielen die Mädchen in ihrem Zimmer Rätselraten.**
   Lies die folgenden Rätsel: Von wem wird hier gesprochen?
   Ergänze die Nummer des passenden Lösungsbildes.

   Er ist groß und nett – schläft bei Susanne unterm Bett. ☐

   Sie gibt keine Ruh – will springen immerzu. ☐

   Es ist klein, aber schwer – Pferde brauchen es sehr. ☐

   Sie ist klug und schön – kann jeden Fehler sehn. ☐

   Er ist stark wie ein großer Bär – kein Pferdebein ist ihm zu schwer. ☐

   Sie liegt in der Sonne und schnurrt voller Wonne. ☐

2. Lies die Sätze. Setze das fehlende Pronomen ein.

Mein Pflegepferd heißt Windspiel.

.... trägt mich sicher durch das Gelände.

Gleich kommt der Hufschmied.

.... hat heute viel Arbeit.

Wollen wir die Pferde satteln?

.... sollen zur Reitstunde fertig sein.

Ich liebe Sally.

.... liegt in der Sonne und lässt sich streicheln.

Legt das Hufeisen auf den Tisch.

.... muss ersetzt werden.

Bringt die Pferde auf die Wiese.

.... können heute draußen bleiben.

Das Pronomen (2)

1. **Bilde Ketten: Male immer die Pronomen, die zusammengehören, mit derselben Farbe aus und verbinde sie.**

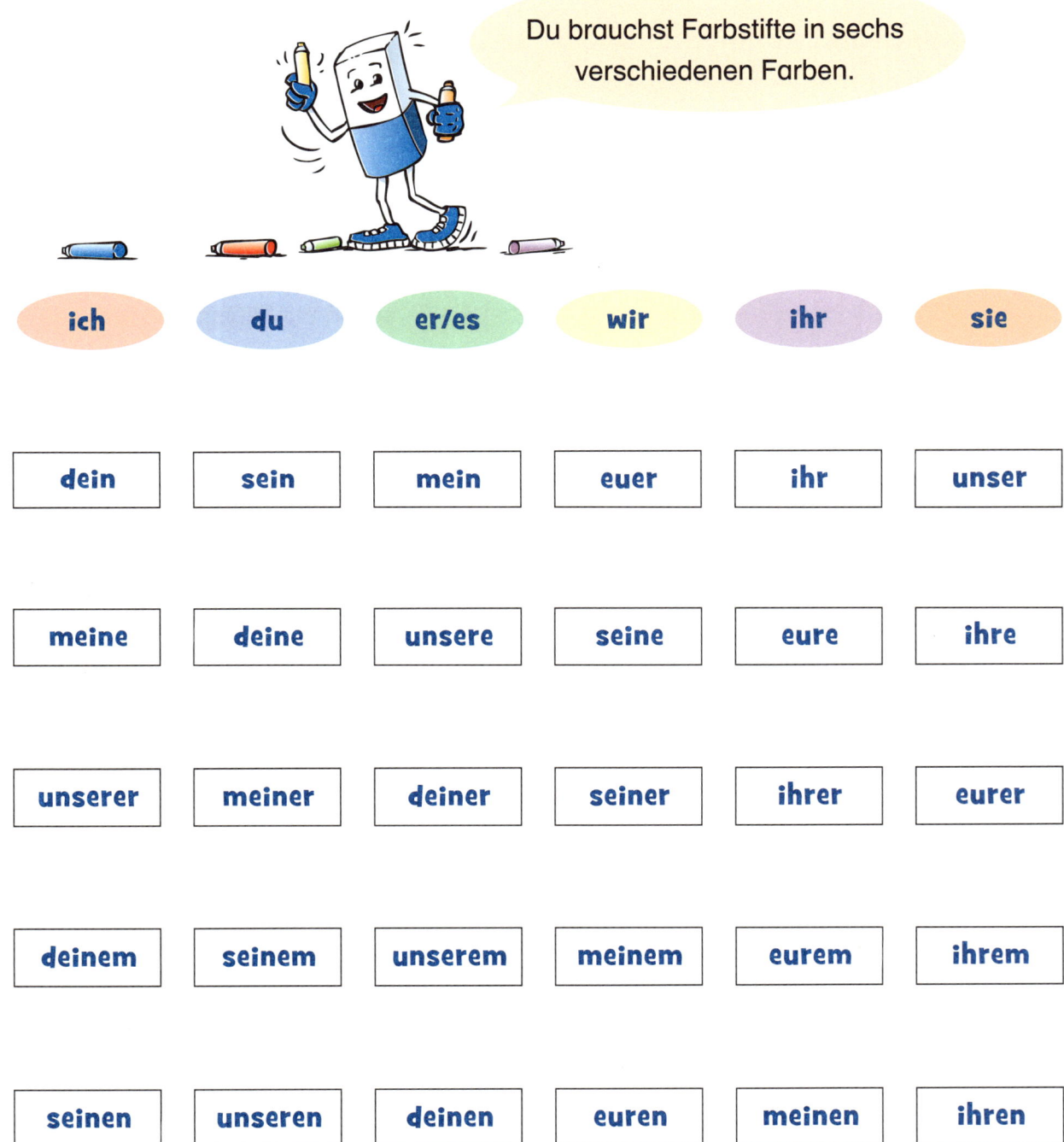

Du brauchst Farbstifte in sechs verschiedenen Farben.

ich	du	er/es	wir	ihr	sie

dein	sein	mein	euer	ihr	unser

meine	deine	unsere	seine	eure	ihre

unserer	meiner	deiner	seiner	ihrer	eurer

deinem	seinem	unserem	meinem	eurem	ihrem

seinen	unseren	deinen	euren	meinen	ihren

2. Welche Pronomen passen hier nicht? Streiche sie durch.

„Jana, hast du mein/meine Gerte gesehen? Ich kann sie nicht finden."

„Hast du schon unter dein/deinem Sattel nachgeschaut?"

„Hier ist sie nicht. Vielleicht habe ich sie bei unserem/unser Ausritt verloren."

Plötzlich muss Maria lachen. „Ich glaube, ich habe sie gefunden. Sieh mal,

was Sam in seinem/seines Maul hat!"

3. Jana erlebt viel auf dem Sonnenhof. Abends schreibt sie in ihr Tagebuch.
Lies die Geschichte und setze die passenden Pronomen ein.
Streiche die Wörter durch, die du bereits verwendet hast.

du   dein   ich   meinem

unsere   es   sie   wir

Hier auf dem Sonnenhof erlebe ich viel. Morgens füttere ich die Pferde und

bringe .... auf die Wiese. Dann helfe ich Maria, den Stall

auszumisten. .... Arbeit macht uns großen Spaß.

Danach haben .... eine Reitstunde. Ich trainiere mit

.... Pflegepferd. .... heißt Diva und ist sehr lieb.

Die Reitlehrerin sagt oft zu mir: „ .... hältst dich sehr gut

auf dem Pferd, Jana. Bestimmt bekommst du am Ende ....

kleines Hufabzeichen."

Bist du fit?

1. Lies den Text. Unterstreiche alle Namen und Nomen rot. /7

SUSANNE ARBEITET ALS REITLEHRERIN AUF DEM SONNENHOF.

DER UNTERRICHT MACHT IHR VIEL FREUDE. DIE SCHÜLER SIND

IMMER SEHR AUFMERKSAM UND KÖNNEN ALLE SCHON SEHR GUT

AUF DEN PFERDEN REITEN.

2. Schreibe die Nomen mit dem bestimmten Artikel heraus. /6

....

....

....

....

3. Schreibe einen passenden Oberbegriff auf. /4

....

....

....

4. Bilde für die Nomen die Einzahl oder Mehrzahl.   /5

Einzahl	Mehrzahl
der Huf	
	die Fohlen
der Stall	
	die Ponys
die Mähne	

5. Setze den richtigen bestimmten oder unbestimmten Artikel ein.   /4

Ich sehe .... neues Pferd im Stall.

Das ist bestimmt .... Pferd, das sich Susanne gekauft hat.

.... Pferd heißt Rose.

Es ist .... Islandpferd.

6. Setze die passenden Pronomen ein.   /5

Ich mag meine Stute Diva. .... hat so ein weiches Fell.

Das Fohlen ist sehr klein. .... läuft immer hinter seiner Mutter her.

Der Hufschmied ist sehr geduldig. .... beruhigt das Pferd.

Die Pferde laufen auf die Wiese. .... freuen sich auf das frische Gras.

Maria und ich packen unsere Koffer. .... fahren morgen.

Dein Testergebnis

/31

Verben kennen

Hallo, ich heiße Kunibert von Dedinghausen. Ich lebe bei meinem Herrn auf der

Burg Felsenstein. Ich bin Knappe. Das bedeutet, dass ich eine Ausbildung

zum Ritter mache.

Ich lerne viel. Manches kann ich schon gut, zum Beispiel schwimmen, reiten, das Pferd

pflegen, mit der Faust und mit dem Schwert kämpfen und mit dem Bogen schießen.

Außerdem singe ich oft und spiele die Laute.

Meinem Herrn diene ich treu.

Ich bringe ihm das Essen und helfe beim Anziehen.

> **Regel**
> In jedem Satz gibt es ein Wort, das sagt, was jemand tun kann oder was geschieht.
> Solche Wörter nennt man Verben:
> **sie singt, du wanderst, es regnet.**

1. **Schau dir das Bild an und lies die Geschichte.**
   Unterstreiche alle Verben.

Verben werden
kleingeschrieben.

2. Schreibe auf, was ein Knappe alles tun muss. Die Bilder helfen dir dabei.

....

....

....

....

....

....

....

....

25

Verben beugen (1)

1. Bilde aus jedem Wortstamm mit einer passenden Endung die Grundform des Verbs. Schreibe die Grundform auf.

Wortstamm	Endung	Grundform
kämpf-		kämpfen
schmied-		
kletter-		
färb-	-en	
krabbel-		
spiel-	-n	
schieß-		
wander-		
trink-		
schmetter-		

26

2. Setze die richtige Personalform ein und umkreise die Endung rot.

	ich	du	er/sie/es
gehen	geh(e)	geh(st)	
lachen			
suchen			
baden			
laufen			

	wir	ihr	sie
holen	hol(en)		
denken			
jagen			
schießen			
legen			

27

Verben beugen (2)

1. Setze das passende Verb in der richtigen Personalform ein.
Verwende die Personalformen für ich, du, er, sie und es.

gießen	helfen	heizen	holen
nehmen	sagen	schrubben	setzen
seufzen	tauchen	waschen	erzählen

Badetag in Burg Felsenstein

Kunibert .... vom Leben in der Burg.

Heute will der Burgherr ein Bad nehmen. Das ist viel Arbeit für uns.

Ein Diener .... Wasser aus dem Brunnen.

Er .... den Ofen.

Dann .... er das warme Wasser in den Badezuber.

Ich .... meinem Herrn beim Ausziehen.

Der Burgherr .... sich in die warme Badewanne.

„.. mir bitte den Rücken",

.... er zu mir.

Ich .... den Schwamm und

.... ihn in das Wasser.

Dann .... ich meinem Herrn den Rücken.

Der Burgherr .... zufrieden.

2. Setze das angegebene Verb in der richtigen Personalform ein.
Benutze die Personalformen für wir, ihr und sie.

Wir Ritter .... mit unseren Familien auf der Burg.
leben

Wir .... sehr gerne.
feiern

Heute .... viele Gäste.
erscheinen

„... zu uns in den Rittersaal", ruft der Burgherr.
kommen

Die Köche .... Spanferkel und Honigwein.
bringen

Dann .... wir alle bis spät in die Nacht zusammen.
sitzen

3. Setze das angegebene Verb in der richtigen Personalform ein.

Zum Essen .... wir Löffel, Messer und Gabeln.
verwenden

Ein Gast ist erstaunt, er .... kein Besteck.
kennen

Zuhause in seiner Burg .... sie noch mit den Fingern.
essen

Wir .... halt, wie man sauber speist.
wissen

Mein Herr ist viel gereist, er .... immer Neues.
finden

Wir .... tolle Sachen, hier auf Burg Felsenstein!
lernen

Vorsilben

1. Setze neue Verben aus den Vorsilben und Grundformen zusammen.
Schreibe alle Formen auf, die du findest.

Vorsilbe	Grundform
	essen
an-	bauen
auf-	spielen
	sagen
vor-	singen

Aufgepasst:
Die Vorsilben passen zu mehreren Verben!

....

....

....

....

....

....

....

Regel

Viele Verben mit Vorsilben teilen sich im Satz.

Wird das Verb gebeugt, schiebt sich die Vorsilbe ans Satzende:

aufbauen – Wir bauen die Burg auf.

2. Lies die folgenden Sätze.
Unterstreiche die Verben und die Vorsilben rot.
Schreibe jedes Verb in der Grundform auf.

Auf der Burg findet heute ein Turnier statt.

Verb: stattfinden ....

Die Köchin bereitet das Essen zu.

Verb: ....

Die Knappen bauen eine große Tafel auf.

Verb: ....

Die Köche tragen das Essen auf.

Verb: ....

Die Burgherren schenken den Wein ein.

Verb: ....

3. Schreibe ganze Sätze auf.
Setze dabei das Verb in die richtige Personalform.

Kunibert	seinen Herrn	vorbereiten

....

Die Ritter	mit dem Turnier	anfangen

....

Die Besucher	aufgeregt	zuschauen

....

31

Die Zeitformen

Der Knappe Kunibert von Dedinghausen erzählt aus seinem Leben:

Früher lebte ich am Hofe meiner Eltern. ☐

Ich helfe meinem Ritter jeden Tag. ☐

Später werde ich selbst Ritter sein. ☐

Ich werde Turniere reiten. ☐

Heute wohne ich am Hof des Ritters von Felsenstein. ☐

Ich lernte singen und kämpfen. ☐

Ich werde in den Krieg ziehen. ☐

Ich bin Knappe. ☐

Ich spielte mit dem Holzschwert. ☐

Ich schlafe auf dem Fußboden. ☐

Meine Mutter erzog mich sehr streng. ☐

Ich werde ein Burgfräulein heiraten. ☐

1. **Lies jeden Satz und unterstreiche das Verb.**
   Male den Kasten hinter jedem Satz farbig aus.
   Verwende rot für die Vergangenheit,
   grün für die Gegenwart und blau für die Zukunft.

2. Schreibe nun die Sätze ab. Ordne sie den Zeiten zu.

Vergangenheit

Gegenwart

Zukunft

Das Perfekt

3. Ergänze in den Sätzen das Verb, das fehlt. Jan erzählt seiner Klasse vom Alltag auf der Burg und zeigt dazu verschiedene Bilder.

Die Menschen haben auf dem Fußboden

....

Die Menschen haben Brot

....

Die Menschen haben Wasser

....

Die Kinder haben Blindekuh

....

4. Unterstreiche die Verben blau, die mit haben zusammengesetzt werden und rot, wenn sie mit sein zusammengesetzt werden.
Schreibe das Verb heraus.

Celina erzählt vom Angriff auf die Burg:

Wenn eine Burg angegriffen wurde, sind die Ritter auf den Wehrgang gelaufen.

Verb: sind gelaufen

Sie haben sich hinter den Zinnen versteckt.

Verb:

Dann haben sie heißes Öl durch die Pechnase gegossen.

Verb:

Die Gegner sind auf ihre Pferde gesprungen.

Verb:

Sie sind über die Zugbrücke geritten.

Verb:

Sie sind auch durch den Burggraben geschwommen.

Verb:

Doch die Ritter haben die Burg gut verteidigt.

Verb:

Perfekt und Präteritum anwenden

Hast du es bemerkt? Als du vom Leben auf der Burg erzählt hast, hast du das Perfekt benutzt.

Ja! Das habe ich bemerkt.

Aber als ich die Geschichte im Heft aufschrieb, verwendete ich das Präteritum!

Das hast du gut gemacht!

Das Turnier

Am Nachmittag hat es ein großes Turnier gegeben.

Ich habe gegen den Ritter Rabenfels gekämpft.

Lange hat der Kampf gedauert.

Zuletzt habe ich den Ritter vom Pferd gestoßen.

So habe ich den Kampf gewonnen.

1. Lies die Geschichte und unterstreiche die Verben im Perfekt.

2. Kreuze an.

Es handelt sich hier um ☐ eine mündliche Erzählung.
☐ einen schriftlichen Aufsatz.

3. Schreibe die Verben im Präteritum auf.

hat gegeben – gab ....

habe gekämpft – ....

hat gedauert – ....

habe gestoßen – ....

habe gewonnen – ....

4. **Du bist der Hofschreiber von Burg Felsenstein.**
Schreibe auf, wie das Turnier verlaufen ist. Du kannst die Geschichte
ausschmücken, das Bild hilft dir dabei.

Das Turnier

Am Nachmittag gab es ein großes Turnier.

Ich

Die Zukunft

1. **Unterstreiche die Personalformen des Futurs.**

Bald werde ich ein Ritter sein.

Dann werde ich in einer großen Burg wohnen.

Ich werde eine schöne Frau heiraten.

Ich werde die Burg meines Fürsten mutig und tapfer verteidigen.

2. **Lies den Text und setze die Verben passend ein.**

werde	werde	werde	werde
werden	wird	anziehen	beten
bringen	essen	sein	schwören

Heute ist meine letzte Nacht als Knappe.

Morgen Abend .... ich ein Ritter ....

Die anderen Knappen .... mich in die Burgkapelle

....

Ich .... dort eine Nacht lang zu Gott .... und ich

.... fasten, also nichts ....

Dann .... ich einen Treueeid auf die Bibel ....

Mein Fürst .... mir die Ritterrüstung ....

3. Kunibert träumt von seinem Leben als Ritter.
Setze die Zeitwörter passend ein.
Unterstreiche in jedem Satz die Personalformen des Verbs.

am Nachmittag   mittags   dann   gleich morgen

Ich freue mich auf mein Leben als Ritter!

.... setze ich mich auf mein

und reite los.

.... erlebe ich viele Abenteuer.

Von morgens bis .... reite ich immer weiter fort.

Wenn ich .... den finsteren

erreiche, treffe ich bestimmt einen wilden .

Was wird der Bär tun?

4. Umkreise den Satz, der in der Zeitform Futur steht.

5. Schreibe die Geschichte weiter: Was wird der Bär tun?

....

....

....

....

2. Test
Bist du fit?

1. **Lies den Text und setze die richtige Personalform des Verbs ein.** /4

Ich .... als Knappe auf einer Burg. (leben)

Eine Burganlage .... aus meterdicken Mauern. (bestehen)

Im Inneren der Burg .... der Bergfried. (stehen)

Hierhin .... sich alle, wenn Gefahr droht. (retten)

2. **Ergänze die Regel. Trage die richtige Zeitform ein.** /2

Wenn du etwas Erlebtes aufschreibst, verwendest du

das .... (Präteritum).

Beispiel: Er sah, dass ich schnell ritt.

Erzählst du mündlich, benutzt du meist

das .... (Perfekt).

Beispiel: Er hat gesehen, dass ich schnell geritten bin.

3. **Diese Sätze sind im Präsens geschrieben.** /6
Schreibe sie in den Zeitformen des Präteritums
und der Zukunft auf.

Gegenwart: Ich wohne bei meinem Ritter.

Vergangenheit: Ich ....

Zukunft: ....

Gegenwart: Mein Ritter zieht seine Rüstung an.

Vergangenheit: Mein Ritter ....

Zukunft: ....

Gegenwart: Der fremde Ritter gewinnt das Turnier.

Vergangenheit: ....

Zukunft: ....

4. **Lies die Sätze.**   /4
Male einen Pfeil zu der Zeitform, in der sie geschrieben sind.

| Der Ritter wird ein Bad nehmen. | Präsens |

| Ich habe das Turnier gewonnen. | Perfekt |

| Die Ritter feiern ein Fest. | Präteritum |

| Wir aßen mit den Fingern. | Futur |

5. **Schreibe die Verben in der Grundform auf.**   /3

Satz	Verb
Auf der Burg findet ein Turnier statt.	stattfinden
Die Köchin bereitet das Essen zu.	zu
Die Bauern bauen eine große Tafel auf.	
Der Koch schenkt den Wein ein.	

Dein Testergebnis

/19

41

Adjektive erkennen

1. Schau dir die Kinder auf dem Bild genau an. Lies die Rätsel und löse sie.

Sie hat schwarze Haare und einen dicken Zopf.

Es ist ....

Er hat blonde, kurze Haare. Sein T-Shirt ist gelb.

Es ist ....

Sie hat schmale braune Augen und ist sehr klein.

Es ist ....

Regel

Mit Adjektiven (Wiewörtern) kannst du genauer beschreiben.
Adjektive sagen uns, wie die Menschen, Tiere, Pflanzen oder Dinge sind
und welche **Eigenschaften** sie besitzen:
rot, groß, eckig

Adjektive werden **kleingeschrieben**.

Die Neue

Kathi ist neu in der Klasse. Sie schaut sich in der Klasse um.

Da ist dieser dicke Junge direkt hinter ihr. Ob er wohl nett ist?

Das Mädchen in der Ecke hat ein fröhliches Gesicht und schwarze blitzende Augen.

Sie ist bestimmt lustig.

„Kannst du Fußball spielen?", fragt sie.

„Natürlich!", lacht Kathi. „Ich bin sehr schnell."

„Herzlich willkommen in unserer sportlichen Klasse", sagt die Lehrerin.

2. **Im Text findest du neun Adjektive. Schreibe sie heraus.**

enu   cidk   tent

....

hflröich   wschzra   ltzbenid

....

gulist   leschnl   lrspticho

....

43

Genau beschreiben mit Adjektiven

1. Schau dir diese Bilder an und suche für jedes drei Adjektive aus.

alt	blond	dick	dünn
fröhlich	groß	klein	klug
lustig	rothaarig	schwarzhaarig	
sportlich	stark		

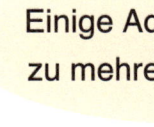

Einige Adjektive passen zu mehreren Personen.

....

....

....

....

....

2. Lies die Adjektive.
Verbinde jedes Adjektiv mit seinem Gegensatz.

klein	fröhlich
schwarz	gesund
traurig	leise
hässlich	schwach
laut	groß
unsportlich	schön
stark	lieb
klug	weiß
schnell	sportlich
böse	langsam
krank	dumm

Tipp

Einige Adjektive werden durch die Vorsilbe un- ins Gegenteil gewendet:
gesund – ungesund.

3. Schreibe für diese Adjektive ihr Gegenteil auf.

gefährlich **pünktlich** **ruhig** **giftig** **hörbar**

gültig **reif** **bescheiden** **artig**

....

....

Adjektive mit -ig und -lich

1. Hier siehst du verschiedene Nomen.
Wenn du die Endung -ig oder -lich anhängst,
verwandeln sie sich in Adjektive.

Denke daran:
Adjektive werden **kleingeschrieben**.

Mut

Freund

Schrift

-ig -lich

Sport

Gift

Staub

Glück

....

....

....

....

Tipp

Wenn du beim Schreiben unsicher bist,

ob die Endung -ig oder -lich ist,

verlängere das Adjektiv:

hastig → **hastig**er, **niedlich** → **niedlich**er.

Du hörst den Schlusslaut dann genau.

2. **Lies die Sätze.**

Setze die Adjektive passend ein.

zorni   glückli   freundli   sportli   muti

Die Kinder aus meiner Klasse

Paul zeigt mir die Schule.

Er ist ein .... Junge.

Jana spielt Tischtennis mit mir.

Sie ist ein .... Mädchen.

Lisa bekommt eine Eins im Diktat.

Sie ist ein .... Mädchen.

Anna sagt den großen Jungen die Meinung.

Sie ist ein .... Mädchen.

Dennis streitet sich mit Michael.

Er ist ein .... Junge.

Stimmt!

Verlängern ist ganz leicht!

Adjektive vor Nomen

Die Klasse 3 b schreibt Briefe an ihre Partnerklasse.
Clara schreibt einen Brief an Jana.

Hallo Jana!

Ich habe deinen netten Brief gelesen und möchte dir schnell antworten.

Ich bin auch 1,25 Meter groß. Ich habe schwarze kurze Haare, ein schmales

Gesicht, blaue Augen und eine kleine Stupsnase.

Ich habe ein Meerschweinchen. Es heißt Pinky und es ist ganz weiß und

schmusig. Wenn ich traurig bin, tröstet es mich immer sehr lieb.

Außerdem habe ich noch einen Bruder, aber der ist schrecklich. Er ist laut

und unordentlich und er ärgert mich immer. Dann werde ich sehr wütend.

Erzähle mir auch etwas von dir.

Viele Grüße

Deine Clara

1. **Lies den Brief. Unterstreiche die Adjektive und schreibe sie heraus.**

....

....

....

Regel

Ein Adjektiv kann seine Form verändern,

wenn es im Satz vor einem Nomen oder einem Namen steht:

blau → **Der blaue Bus steht auf vor der Schule.**

groß → **Mit großen Scheinwerfern strahlt er mich an.**

2. Lies den Text.
Trage die Adjektive in Klammern in der richtigen Form ein.

In der Klasse 3 b gibt es viele .... Schüler (toll).

Der .... Jan (sportlich) gewinnt das Basketballspiel für

seine Klasse.

Die .... Miriam (hilfsbereit) bringt ihrer ....

Freundin (krank) die Hausaufgaben.

Der .... Ahmet (lustig) erzählt seiner Klasse einen Witz.

Der .... Sven (klug) erklärt seinem Nachbarn die

.... Matheaufgaben (schwierig).

Der .... Dimitri (stark) trägt der .... Lena

(klein) die Tasche.

Die .... Katrin (mutig) singt ihrer Klasse ein Lied vor.

Die .... Michaela (fröhlich) spielt mit ihren Freunden Gummitwist.

3. Lies die Sätze.
Trage die Adjektive in der richtigen Form ein.

klug   **schnell**

     schön   **pfiffig**

Karol gewinnt jedes Kartenspiel, er ist ein .... Junge.

Eigentlich ist Meret keine .... Läuferin, aber sie hat Dimitri

beim Sportfest überholt.

Katrin hat eine .... Stimme, darum singt sie so gern.

Sven ist ein .... Kopf, nur Rechtschreibung kann er nicht.

Die Vergleichsstufen (1)

1. **Vergleiche.**

Lisa ist am ....

Wir haben viele Cracks in unserer Klasse.

Marvin ist ....

Mehmet ist groß.

Mareike wirkt ....

Philipp wirkt ....

Kathi wirkt klug.

Samuel ist ....

Verena ist ....

Jonas ist stark.

Am .... lese ich!

Cem liest ....

Mareike liest flüssig.

2. Verbinde die Adjektivformen, die zusammengehören, durch eine Linie.

3. Setze ein passendes Adjektiv in seinen Vergleichsformen ein.

Eine Trompete ist

Ein Schlagzeug ist

Eine Vuvuzela ist

Die Vergleichsstufen (2)

1. **Trage die richtigen Vergleichsstufen ein.**

Jonas, Kevin und Paul sitzen auf dem Schulhof nebeneinander.

Einer versucht, den anderen zu übertreffen.

„Schau mal!", sagt Paul. „Ich habe ein neues Handy. Es ist ganz klein."

„Das ist doch gar nichts", tönt Kevin.

„Mein Nokata ist viel ...."

Kevin zieht sein Handy aus der Hosentasche und

legt es auf den Tisch, neben die anderen.

„Meins ist ....", sagt er fröhlich.

Ich gebe gern an.

Ich noch viel lieber!

Und ich am allerliebsten.

Jana, Britta und Gitte sitzen in der Klasse nebeneinander.

„Mein Diktat ist richtig gut", sagt Gitte. „Ich habe eine Zwei."

„Da bin ich diesmal ....", erwidert Jana.

„Ich habe eine Zwei plus."

„Ich habe eine Eins bekommen!", strahlt Britta.

„Dann ist mein Diktat ...."

Regel

Die Adjektive gut und viel sind unregelmäßig.
Die Vergleichsformen sind:
gut – besser – am besten,
viel – mehr – am meisten.

2. In diesem Wortgitter sind zehn Adjektive versteckt,
die man nicht steigern kann.
Umkreise sie und schreibe sie heraus.

B	L	E	E	R	T	P	V
T	Z	O	N	R	O	T	R
U	R	K	O	I	T	O	I
Z	K	R	A	N	K	W	E
E	I	N	Z	I	G	V	S
G	W	E	I	S	S	O	I
B	L	A	U	M	L	L	G
G	O	L	D	E	N	L	A

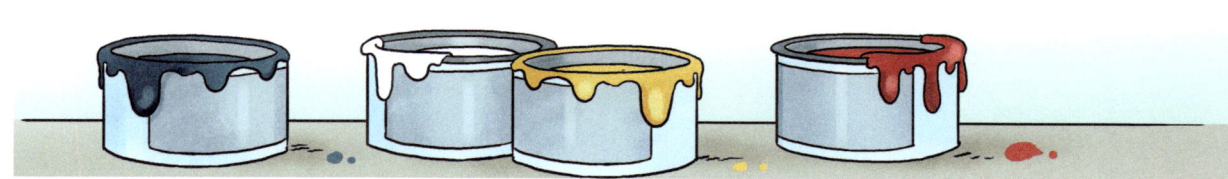

Die Vergleichsstufen (3)

1. **Setze den richtigen Vergleich ein.**

Bastian und Benno sind Zwillinge. Sie gleichen einander wie ein Ei dem anderen.

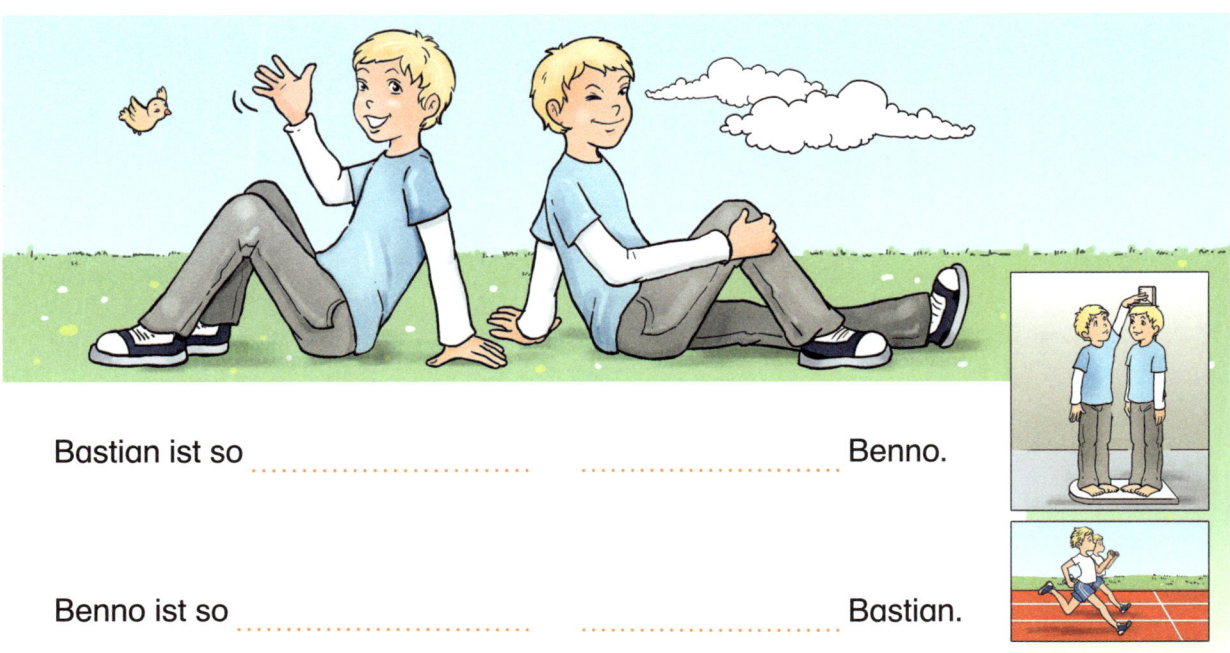

Bastian ist so .... Benno.

Benno ist so .... Bastian.

Auch Lisa und Marie sind Zwillinge. Aber sie sind ganz unterschiedlich.

Marie ist .... Lisa.

Lisa ist .... Marie.

2. Schau dir die Bilder an. Schreibe dann die Vergleiche auf.
Benutze dazu die Ausdrücke: **so ... wie** oder **... als**.

alt   alt   gut   mutig   stark   groß

Samuel ist .... Clara.

Michael ist .... Samuel.

Jan ist .... Philipp.

Sanja ist .... Jana.

Sören ist .... Katrin.

Kai ist .... Jens.

Zusammengesetzte Adjektive

Tipp

Mit zusammengesetzten Adjektiven lassen sich treffende Vergleiche bilden:
schneeweiß, himmelblau.

1. **Schreibe das passende Adjektiv in den Lückentext.**

Janas Haut ist weiß wie Schnee.

Sie ist schneeweiß. ....

Katja ist groß wie ein Riese.

Sie ist ....

Meikes Rücken ist steif wie ein Stock.

Er ist ....

Rambos Fäuste sind hart wie Stahl.

Sie sind ....

Babsis Augen sind blau wie ein Veilchen.

Sie sind ....

Michas Versprechen ist fest wie ein Felsen.

Es ist ....

2. In diesem Text gibt es einige zusammengesetzte Adjektive.
Unterstreiche diese Adjektive und schreibe sie in die Tabelle.

Das Basketballspiel

Heute war ein rabenschwarzer Tag für Jan. Er musste beim Judotraining gegen den

bärenstarken Christian antreten. Christian ging schnurgerade auf Jan zu. Dann hob er

ihn blitzschnell hoch und warf ihn auf die Matte. Jans Knie waren butterweich und sein

Gesicht kreidebleich. „Das ist unfair!", rief er empört.

Adjektiv	Vergleich
rabenschwarz	schwarz wie ein Rabe

3. Schreibe in die rechte Spalte der Tabelle den Vergleich, der im Adjektiv steckt.

3. Test
Bist du fit?

1. **Welches Adjektiv passt? Streiche die unpassenden Adjektive durch.** /5

Heute ist Jana sehr glücklich – aufgeregt – laut.

Sie schreibt nämlich ein fröhliches – ungeübtes – nettes Diktat.

Frau Mertens, die Deutschlehrerin, liest das Diktat weich – laut – süß vor.

Dann schreiben es die Schüler glücklich – ordentlich – schnell in ihr Heft.

Jana passt gern – böse – gut auf, damit sie keine Fehler macht.

2. **Wandele die Nomen in Adjektive um, indem du -ig oder -lich anhängst.** /5

Mensch – ....

Zorn – ....

Ecke – ....

Gefahr – ....

Lust – ....

3. Steigere die Adjektive.

Grundstufe	1. Steigerungsstufe	2. Steigerungsstufe
schön		
	besser	
schnell		
		am größten

4. Vergleiche die Kinder miteinander.

Katrin ist .... Konstantin.

Konstantin ist .... Birger.

Stefan ist .... Jana.

Jana ist .... Svenja.

Dein Testergebnis

4. Wortbildung

Wortbausteine vorn

Erfindungen

Seit es Menschen gibt, erfinden sie Dinge und

entwickeln diese weiter.

Neuerungen erleichtern das Leben

oder sie erfreuen ihre Benutzer.

Jede verbesserte Entwicklung hat etwas verändert.

Das Rad erlaubt es zum Beispiel,

auch schwere Gegenstände zu entfernteren Orten zu bringen.

Das Röntgengerät verbessert die medizinische Versorgung.

Das Telefon sorgt für eine bessere Verständigung.

Die Raumfahrt ermöglicht die Erforschung des Weltalls.

Pass gut auf. Manche Wörter werden großgeschrieben, andere klein.

1. **Lies den Text und kreise die Vorsilben er-, ent- und ver- ein. Schreibe die Wörter dann heraus.**

....

....

....

....

Mannheim, 1817
Karl Drais stellt sein Laufrad vor

Meine Damen und Herren,

kommen Sie herbei. Sie müssen sich anschauen, was ich für Sie

erfunden habe. Das Laufrad ist entstanden.

Damit können Sie schneller vorankommen,

als alle Fußgänger der Welt.

Sie müssen sich nur mit den Füßen

abstützen, dann können Sie losrollen.

Sie werden alle anderen Menschen

überholen.

2. **Unterstreiche im Text alle Verben, die eine Vorsilbe haben.**
Schreibe dann die Vorsilbe heraus.

an-

Wortbausteine hinten

Das Feuer

Das Feuer war natürlich keine Erfindung, sondern eine Entdeckung.

Es brachte eine große Veränderung für die Menschen.

Zuerst hielten die Menschen das Feuer für ein gefährliches Tier.

Bei einer Berührung verletzte es die Menschen,

aber es brachte auch Helligkeit

und sorgte für die Vertreibung der wilden Tiere.

Von einer langen Wanderung brachte man das Feuer mit zur Höhlenwohnung und

fütterte es dort weiter mit Holz.

Das Feuer führte zu einer Erleichterung und Freiheit des Lebens.

1. **Lies den Text.**
Unterstreiche alle Nomen mit der Endung -ung, -heit oder -keit und
schreibe sie heraus.

....

....

....

Toll, dass man Nomen an
den Wortbausteinen -ung, -heit, -keit
und -nis erkennen kann.

Stimmt. Wenn man
ein **Nomen** erkennt, kann man es
großschreiben.

2. Verwandele die Verben in Nomen.
   **Streiche dazu bei jedem Verb die Endungen -en oder -n durch und hänge
   stattdessen -ung daran. Schreibe das Nomen mit dem bestimmten Artikel auf.**

stören – die Störung

wohnen – ....

erklären – ....

kleiden – ....

erzählen – ....

wandern – ....

verändern – ....

3. Verwandele auch diese Verben.

Manchmal verändern
sich die Wörter beim Verwandeln:
verhalten – das Verhältnis.

zeugen – ....

erlauben – ....

verhalten – ....

geschehen – ....

Wörter in Nomen verwandeln

> **Regel**
> Du kannst auch Adjektive in Nomen verwandeln:
> gemein → die Gemein**heit**.
> herrlich → die Herrlich**keit**.

1. Bilde zu den Adjektiven das passende Nomen, indem du **-heit** oder **-keit** anhängst.
   Schreibe die Nomen mit dem bestimmten Artikel auf.

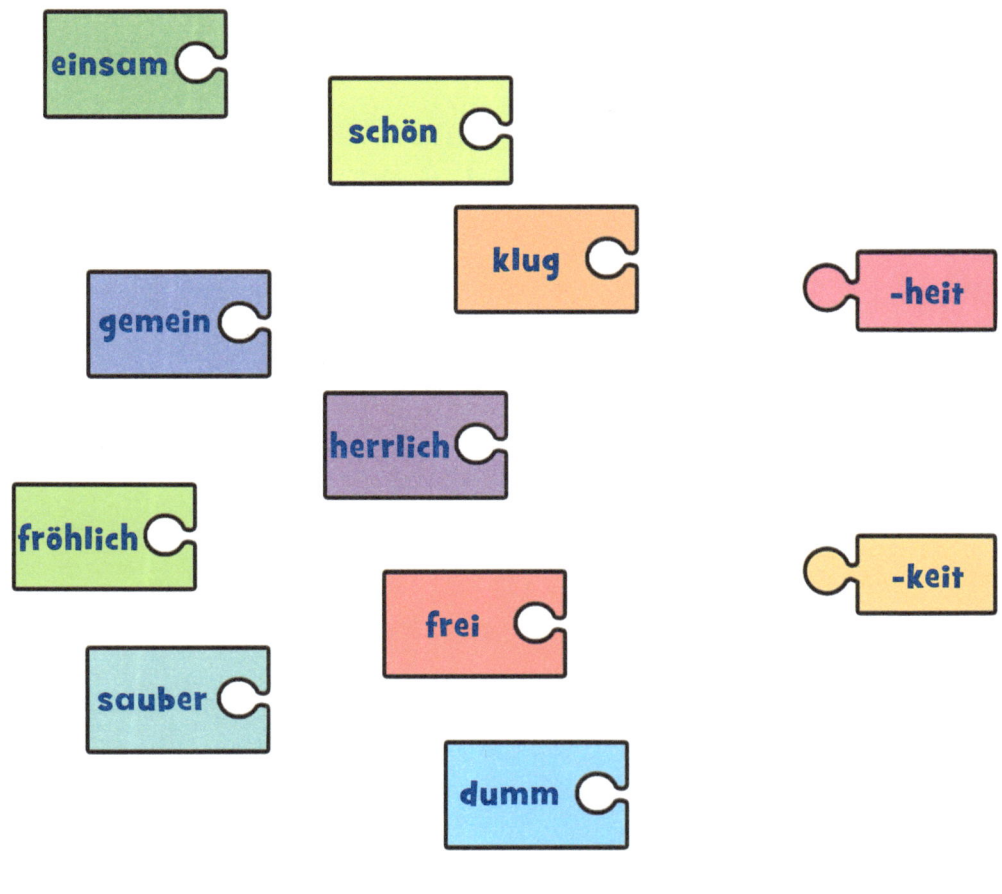

....

....

....

....

....

2. **Lies die Geschichte.**
Setze die richtige Endung ein.

Das Rad

Das Rad ist die genialste Erfind .... der Mensch ....

Die einfachste Ausführ .... besteht aus einer kreisrunden Scheibe

mit einer Bohr ....

Sie wird mit einer Verbind .... auf eine Achse gesetzt.

Die Achse wird durch die Befestig .... einer Holzfläche zum Karren.

Will man den Karren bewegen, braucht man einige Erfahr .... und

Kennt .... über die Beweg ....

Gelingt es, hält der Karren eine große Belast .... aus.

3. **Schreibe die Nomen aus dem Text mit den passenden Artikeln auf.**

....

....

....

....

....

Die Wortbausteine
-ung, -heit, -keit und -nis
zeigen Nomen an.

Denke daran:
Nomen schreibst du **groß**.

-ung -heit

-keit -nis

65

Zusammengesetzte Nomen

1. Bilde aus den 20 Nomen 10 zusammengesetzte Nomen.
Verwende jedes Nomen nur einmal.

Fuß	Ball	Raum	Luft	Schiff	Blech	Müll	Zirkus
Geschenk		Video	Papier	Zelt		Ballon	Bild
Becher		Eis	Dose	Tonne		Film	Schirm

der Fußball ....

....

....

....

2. Bilde eigene zusammengesetzte Nomen:
Aus dem Grundwort soll das Bestimmungswort werden.

Löwenzahn

　　　Zahnarzt

　　　　　Arzt ....

　　　　　　...

　　　　　　　...

3. **Setze zusammen und schreibe auf.**
Schreibe auch den bestimmten Artikel auf.

Das Grundwort bestimmt den Artikel.

leuchten + Turm = der Leuchtturm

wandern + Stock =

rennen + Rad =

schreiben + Tisch =

turnen + Schuh =

schwimmen + Bad =

4. **Diese Nomen bestehen aus Adjektiven und Nomen.**
Schreibe die Bestandteile auf.

das Hochhaus = hoch + Haus

das Buntpapier =

der Schlaukopf =

der Geheimdienst =

5. **Setze zusammen und schreibe auf.**
Denke auch an den bestimmten Artikel.

Denke daran:
Nomen schreibt man groß.

lang + Weile =

breit + Maul + Frosch =

Wortfamilie „fahren"

Sehr geehrter Herr Benz,

seit Sie den „Mercedes" erfunden haben, ist unser Leben in Fahrt gekommen.

Das immer fahrbereite Ungetüm raubt uns den letzten Nerv.

Man kann sich noch nicht einmal mit einem Fahrrad auf die Straße wagen,

ohne von einem dieser neuen Fahrzeuge angefahren zu werden.

Die erreichten 25 km/h bewirken ein ganz neues Fahrgefühl

und die Fahrer erleben einen Geschwindigkeitsrausch.

Darum möchte ich Sie auffordern, Ihre fahrende

Blechdose zurückzunehmen. Sonst werden wir

am Ende noch alle überfahren.

Hochachtungsvoll,

Graf Ruhlieb von und zu Wanderfroh

1. Lies den Brief.
Unterstreiche alle Wörter, in denen der Wortstamm fahr- vorkommt.

> ### Regel
> Wörter mit gleichem **Wortstamm** gehören zu einer Wortfamilie:
> fahren – Fahrzeug – fahrbereit.

2. Schreibe alle Wörter mit dem Wortstamm fahr- auf.
Ergänze bei Nomen den Artikel.

....

....

3. Setze mit diesen Nomen Wörter mit dem Wortstamm fahr- zusammen. Schreibe sie auf.

Bahn   **Schule**   **Karte**   **Stuhl**   **Plan**   **Zeug**   **Rad**

fahr-

Wenn im Wortstamm ein **h** vorkommt, dann ist es auch in allen anderen Wörtern der Wortfamilie zu finden.

4. Bilde Wörter mit dem Wortstamm **fahr-**.
Schreibe sie in die Lücken.
Achte bei Nomen auf die Großschreibung.
Lies den Text anschließend im Zusammenhang.

Eis in der .... **rinne**

Im .... **wasser** der MS „Eisscholle" schwappen die

Wellen. Der Kapitän .... sein Schiff vorsichtig

über die Elbe. Er muss den .... **plan** einhalten,

obwohl der Fluss zugefroren ist. Ein Eisbrecher hat ihm die

.... **rinne** freigebrochen, darum kann die

„Eisscholle" heute den .... **dienst** einhalten.

Drei .... **gäste** sind an Bord,

sie haben .... **karten** gekauft.

Wortfamilie „spielen"

Der Russe Alexej Paschitnow

hat das Computerspiel „Tetris" erfunden.

Die erste spielbare Version kam 1984 auf den Markt.

Dieses Spiel besteht aus einem Spielfeld,

bei dem Spielsteine in verschiedenen Größen in eine Reihe gebracht werden,

ohne eine Lücke zu hinterlassen.

Für jede geschlossene Reihe erhält der Spieler eine Anzahl an Spielpunkten.

„Tetris" kann man auf einer Spielkonsole und auf dem PC spielen.

Das Geduldsspiel ist ein sehr beliebtes Spiel.

Es hat sich gezeigt, dass spielfreudige Menschen jeden Alters „Tetris" lieben,

ohne spielmüde zu werden.

1. Unterstreiche im Text alle Wörter mit dem Wortstamm spiel-.

2. Trage alle unterstrichenen Wörter in die Übersicht ein.

9 Nomen	3 Adjektive	1 Verb

Wenn im Wortstamm ein **ie** vorkommt, dann ist es auch in anderen Wörtern der Wortfamilie zu finden.

3. Umkreise alle Wörter einer Wortfamilie in einer Farbe.
Trage in der Übersicht die Wortstämme ein.
Schreibe die Wörter darunter.

kaufen	verschreiben	verkochen	Kochplatte	schreiben
verkaufen	schreibfähig	Schreibtisch	abschreiben	käuflich
Verkäufer	Koch	Schreibmaschine	Eierkocher	Kaufhaus
kochfertig	abkaufen	kochen	Schreibpapier	aufkochen

kauf–

kaufen,

Hast du es bemerkt? Manchmal
ändern sich Laute in einer Wortfamilie:
kaufen – Verkäufer.

71

4. Test

Bist du fit?

1. **Schreibe neben jedes Nomen das Verb der Wortfamilie.** /5

Lenkung – ....

Wohnung – ....

Lesung – ....

Umleitung – ....

Erfindung – ....

2. **Unterstreiche im Text die Verben und kreise die Vorsilben ein.** /5

Die Klasse 3 b erfindet eine Geschichte zum Fahrrad und wird diese aufschreiben.

Aber Cara hat ihre Hausaufgaben vergessen. Glücklicherweise bemerkt die Lehrerin

es nicht. Cara wird die Hausaufgaben nachholen.

3. **Bilde neue Verben mit den Vorsilben.** /9

an-		
nach-		
ein-		
weg-	schalten	
er-	laufen	
ent-	holen	
ver-		
ab-		
über-		

4. Bilde aus den Adjektiven Nomen.
Benutze dazu die Wortbausteine **-heit**, **-keit** oder **-nis**.

/6

einsam – die ....

heiter – ....

dunkel – ....

finster – ....

krank – ....

gemein – ....

5. Ordne die Wörter den Wortstämmen zu.

/14

kaufen   überholen   Erfindung

holen   Findling   finden

Verkauf   abkaufen   Kaufvertrag

Erholung   Finderlohn

zurückfinden   Verkäuferin   abholen

kauf-: ....

....

hol-: ....

....

find-: ....

....

Dein Testergebnis

/39

Der Aussagesatz

Regel

Das Lesen eines Textes wird einfacher, wenn am Ende eines Satzes ein **Satzschlusszeichen** steht.
Punkt, Ausrufezeichen und Fragezeichen sind Satzschlusszeichen.
Der Punkt wird am häufigsten verwendet.

Wenn wir etwas erzählen, behaupten oder berichten, verwenden wir den **Aussagesatz**. Er endet mit einem **Punkt**:
Ich gehe zum Ufo.

Nach einem Satzschlusszeichen wird großgeschrieben.

1. **Lies die Geschichte. Markiere das Satzende jeweils mit einem Strich.**

Das unbekannte Flugobjekt

Jenny und Jonas fahren mit dem Fahrrad die Straße entlang plötzlich hören sie über sich ein lautes Rauschen da schwebt ein seltsames Flugobjekt über sie hinweg es dreht eine Runde und landet dann auf der Wiese wie erstarrt stehen Jenny und Jonas da und bewegen sich nicht von der Stelle das Flugobjekt gibt einen quietschenden Ton von sich dann wird die Landungsbrücke ausgefahren

2. **Schreibe nun die Geschichte ab. Setze einen Punkt an jedes Satzende.**

Satzanfänge werden großgeschrieben.

Das unbekannte Flugobjekt

Jenny und Jonas fahren

3. Ein komisches Männchen erscheint auf der Landebrücke. Es spricht in seltsamen Sätzen. Kannst du erkennen, was es sagen möchte? Schreibe die Sätze richtig auf. Setze hinter jeden Satz einen Punkt.

Alphastern   komme   von   ich   dem   Planeten

Nächte   ich   und   unterwegs   vier   war   vier   Tage

aus   hier   sehr   sieht   schön   es

viele   und   Steine   auf   gibt   Felsen   es   unserem   Planeten

ganzen   die   Tag   scheint   den   Sonne

Planeten   es   heiß   und   trocken   ist   auf   unserem   sehr

Der Fragesatz

Regel

Wenn wir etwas fragen, verwenden wir den **Fragesatz**.

Er endet mit dem **Fragezeichen**:

Ist das ein Ufo?

Manche Fragen beginnen mit einem **Fragewort**,

zum Beispiel mit: **was?, wann?, wer?, warum?, wie?, wo?**

Woher kommt das Ufo**?**

Wann steigt jemand aus**?**

1. Der Außerirdische stellt Jonas und Jenny viele Fragen.
Setze passende Fragewörter ein.
Schreibe hinter jeden Satz ein Fragezeichen.
Verbinde dann mit den richtigen Antworten durch eine Linie.

.... seid ihr ....   Wir heißen Jenny und Jonas.

.... heißt ihr ....   Wir wollen nach Hause.

.... wohnt ihr ...   Wir sind zwei Kinder.

.... seid ihr hier ...   Wir wohnen in Heimstadt.

.... wollt ihr gleich ...   Wir haben eine Radtour gemacht.

Tipp

Einen Fragesatz kann man beim Vorlesen an der Betonung erkennen:

Das soll ein Ufo sein?   **Das soll ein Ufo sein.**

2. Schreibe nun die Fragewörter heraus.

....

....

....

....

....

3. Auch Jonas und Jenny haben viele Fragen an den Außerirdischen.
Lies ihre Antworten. Welche Fragen haben sie wohl gestellt?
Schreibe passende Fragen auf.

a) Wer .... ?

Ich bin ein Außerirdischer.

b) ....

Ich heiße Uomi.

c) ....

Ich komme von dem Planeten Alphastern.

d) ....

Ich habe mich verfahren.

e) ....

Ich will die Menschen kennen lernen.

f) ....

Ich will zurück zum Alphastern.

g) ....

Ich werde mit meinem Ufo zurückfliegen.

Der Ausrufesatz

1. Der Außerirdische redet mit Jenny und Jonas.
Da kommt ihre große Schwester Lisa angelaufen.
Als sie den Außerirdischen sieht, ist sie ganz aufgeregt.
Lies, was sie sagt. Setze dann die Ausrufezeichen.

Lisa:

Oh nein .... Das gibt es doch nicht ....

Hilfe .... Verschwinde, so schnell du kannst ....

Lass meine kleine Schwester und meinen kleinen Bruder in Ruhe ....

Jenny:

Oh Lisa .... Beruhige dich ....

Sei freundlich zu diesem Außerirdischen ....

Jonas:

Lauf nicht weg ....

Hab keine Angst vor ihm ....

2. **Jenny und Jonas wollen, dass der Außerirdische bleibt.**
Schreibe auf, wozu sie ihn auffordern.
Vergiss dabei das Ausrufezeichen nicht.

Jenny und Jonas fordern den Außerirdischen auf, zu ihnen zu kommen.

Komm zu uns!
....

Jenny und Jonas fordern den Außerirdischen auf, mit ihnen zu spielen.

....

Jonas fordert den Außerirdischen auf, ihm das Ufo zu zeigen.

....

Jenny fordert den Außerirdischen auf, mit zur Schule zu kommen.

....

Jonas fordert den Außerirdischen auf, für immer bei ihnen zu bleiben.

....

> **Tipp**
> Höflich ist es, eine freundliche Aufforderung als Bitte auszusprechen:
> **Bitte komm zu uns!**

3. **Schreibe die Aufforderungen aus Aufgabe 2 als Bitte auf.**

....

....

....

....

....

....

Die unterschiedlichen Satzarten

1. Am Abend schreibt Jenny ihrer Freundin eine lange E-Mail.
Leider vergisst sie die Satzzeichen.
Setze die fehlenden Satzzeichen ein.

Datei Bearbeiten Ansicht Favoriten Aktionen

Antworten   Weiterleiten   Senden Empfangen

Posteingang

Liebe Marie,

was glaubst du, was mir heute passiert ist Als ich heute mit

Jonas im Park war, haben wir ein Ufo gesehen Es landete direkt

vor unseren Augen auf einer Wiese Was sagst du jetzt Ich wette,

du lachst Schäm dich dafür Es ist nämlich wahr Jonas und ich

hatten zuerst große Angst Was wollte der Außerirdische hier

Wollte er uns gefangen nehmen Aber das Männchen auf der

Landungsbrücke war sehr freundlich Es rief: „Kommt her Spielt

mit mir Nehmt mich mit zu euren Freunden " Und das taten wir

auch Wir luden ihn ein, mit in die Schule zu kommen

Wie geht es dir Schreib mir bald zurück

Deine Jenny

So sieht ein Ufo aus?   So sieht ein Ufo aus.

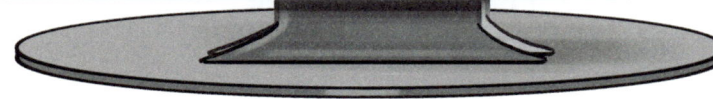

Fasse zusammen:

Es gibt .... Punkte,

.... Fragezeichen und

.... Ausrufezeichen.

Wenn du unsicher
bist, kannst du den Satz
vorlesen.

2. Wähle drei **Aussagesätze** aus und schreibe sie auf.
Denke an die Punkte.

....

....

....

....

....

3. Wähle drei **Fragesätze** aus und schreibe sie auf.
Denke an die Fragezeichen.

....

....

....

....

....

4. Wähle drei **Ausrufesätze** aus und schreibe sie auf.
Denke an die Ausrufezeichen.

....

....

....

....

....

Die wörtliche Rede (1)

1. **Die Kinder und der Außerirdische unterhalten sich miteinander. Unterstreiche die Begleitsätze grün.**

Der Außerirdische sagt: „Ich habe noch nie einen Menschen gesehen."

Jonas antwortet: „Und ich habe noch nie einen Außerirdischen gesehen."

„Im Fernsehen gibt es sie schon", überlegt Jenny.

„Ja, da schon", erwidert der Außerirdische lachend. „Aber ich bin echt."

Jenny fragt: „Gibt es dort, wo du herkommst, noch mehr von deiner Art?"

„O ja, natürlich!", gibt der Außerirdische zur Antwort.

„Wenn ich meine Freunde nicht hätte", ergänzt er, „dann würde ich mich doch

furchtbar einsam fühlen."

Jonas wirft sofort ein: „Das verstehe ich gut!"

„Lass uns doch Freunde sein", fügt Jenny hinzu.

„Denn dann", beteuert sie, „bist du auch hier auf der Erde nicht einsam."

Der Außerirdische lächelt die Kinder an: „Ja, ihr habt recht. Lasst uns Freunde sein."

Wenn der Begleitsatz vor der wörtlichen Rede steht, folgt ein **Doppelpunkt**.
Der Redesatz wird von Redezeichen unten und oben eingerahmt:
Jenny sagt: „Ich sehe ein Ufo."

2. **Setze den Doppelpunkt nach dem Begleitsatz und füge dann die Redezeichen ein.**

Jonas sagt: „Freunde müssen sich gut kennen."

Jenny fragt   Darf ich dich mal anfassen?

Der Außerirdische antwortet ....
....

Aber meine Haut ist ganz kalt.

Jenny ruft ....
....

Du bist so kalt wie ein Frosch!

Der Außerirdische grinst und sagt ....
....

Ja, das stimmt! Und mein Blut ist genauso grün.

Jonas bekommt große Augen. Er ruft ....
....

Du bist das Spannendste, was ich je gesehen habe!

Die wörtliche Rede (2)

1. **Schreibe den Satz so um, dass der Begleitsatz hinten steht.**

Jonas sagt: „Tatsächlich! Du bist echt."

„Tatsächlich! Du bist echt", sagt Jonas.

Jonas staunt: „Das finde ich komisch."

„Das finde ich

Jenny fragt: „Darf ich dich mal anfassen?"

Jenny ruft: „Du bist so kalt wie ein Frosch!"

2. **Unterstreiche die wörtliche Rede blau, den Begleitsatz rot.**
Setze dann die Redezeichen.

Ich bin so glücklich freut sich Jenny dass ich den

Außerirdischen anfassen durfte

Es ist komisch fügt Jonas lachend hinzu denn er war ganz kalt

Ich finde staunt Jenny er fühlt sich wie ein Frosch an

3. **Jenny und Jonas laden den Außerirdischen in die Schule ein.**
Es gibt ein großes Durcheinander.
Unterstreiche die wörtliche Rede blau, die Begleitsätze rot.
Setze danach die Redezeichen.

Besuch in der Klasse

Jenny, wen hast du denn da mitgebracht? , fragt Jennys

Freundin Lale.

Das ist Uomi. Er ist ein Außerirdischer , erzählt Jenny.

Peer fragt: Was macht er denn bei uns?

Jonas antwortet: Er will die Menschen kennen lernen.

Herzlich willkommen in unserer Klasse , sagt die Klassenlehrerin.

Vielen Dank , antwortet der Außerirdische. Es ist sehr interessant

bei den Menschen.

Du kannst für immer bei uns bleiben , schlägt Jenny vor.

Die wörtliche Rede (3)

1. **Lies die Sätze laut.**
Setze dann alle Satzzeichen ein: Punkte, Ausrufezeichen, Fragezeichen,
Doppelpunkte und Redezeichen.

Es ist spät geworden

Ich muss zu meinem Heimatplaneten zurück sagt der Außerirdische

Da werden Jenny und Jonas sehr traurig

Wir bringen dich zu deinem Ufo zurück schlägt Jonas vor

Sie gehen zusammen zu der Wiese

Kommst du bald wieder fragt Jenny

Aber ja erwidert der Außerirdische Spätestens im nächsten

Sommer bin ich wieder da

Jenny lächelt Dann bin ich nicht mehr traurig sagt sie

Der Außerirdische steigt in sein Ufo

Er winkt noch aus dem Fenster

Tschüss bis bald rufen Jenny und Jonas Und pass auf dich

auf

2. **Schreibe den Text aus Aufgabe 1 ab.**

So schreibst du richtig ab: Merke dir ein kleines Stück. Decke den Text mit einem Blatt ab. Schreibe das Stück auf. Vergleiche mit dem Text, ob du richtig geschrieben hast.

5. Test

Bist du fit?

1. Kreuze die richtige Antwort an.   /3

Welches Satzzeichen kommt nach einem Ausrufesatz?

☐ ein Punkt

☐ ein Fragezeichen

☐ ein Ausrufezeichen

Welches Satzzeichen kommt nach einem Aussagesatz?

☐ ein Punkt

☐ ein Fragezeichen

☐ ein Ausrufezeichen

Welches Satzzeichen kommt nach einem Fragesatz?

☐ ein Punkt

☐ ein Fragezeichen

☐ ein Ausrufezeichen

2. Stelle Fragen zu den Sätzen.   /3
Frage nach den fett gedruckten Wörtern.
Benutze dabei die Fragewörter.

Vergiss die Satzzeichen nicht.

Gestern geschah etwas Ungewöhnliches.

Frage: ....

Ein Ufo landete.

Frage: ....

Aus dem Ufo stieg **ein seltsames Männchen**.

Frage: ....

3. Wie lauten diese Sätze richtig? /4
Stelle um und schreibe auf.

hatten   große   vor   Uomi   beide   Kinder   Angst

....

einen   Jenny   Außerirdischen   noch   und   Jonas   hatten   nie   gesehen

....

nie   war   in   Leben   Uomi   noch   in   der   seinem   Schule

....

zum   aus   dem   Fenster   Abschied   Uomi   winkt   des   Ufos

....

4. Lies die Sätze und setze die Satzzeichen. /12

Hast du schon einmal einen Außerirdischen gesehen

Man weiß nicht, ob es sie wirklich gibt

Aber in unserem Planetensystem sind keine fremden Wesen bekannt

Oh, wie gut

Vielleicht gibt es sie aber trotzdem

Das werden wir wohl nie erfahren

Ach, wie schade

Man soll die Hoffnung nie aufgeben

Dann werden die Menschen also weiter nach Außerirdischen suchen

Ich weiß es nicht

Ach komm, lass uns das Träumen nicht aufgeben

Also gut, werden wir doch einfach Astronauten

Bist du fit?

5. **Setze die Doppelpunkte und Redezeichen ein.** /4

Der Außerirdische sagt Ich komme vom Planeten Alphastern.

Jonas fragt Was willst du hier?

Jenny ruft Ich habe ein bisschen Angst!

Uomi antwortet Ihr braucht keine Angst vor mir zu haben.

6. **Schreibe die Sätze so um, dass der Begleitsatz hinten steht.** /5
Setze dabei die Satzzeichen.

Der Außerirdische sagt: „Ich komme vom Planeten Alphastern."

„Ich komme vom Planeten Alphastern", sagt der Außerirdische.

Jonas fragt: „Was willst du hier?"

....

Jenny ruft: „Ich habe ein bisschen Angst!"

....

Uomi antwortet: „Ihr braucht keine Angst vor mir zu haben."

....

....

Jonas und Jenny sagen: „Du bist sehr nett!"

....

Uomi bedankt sich bei ihnen: „Das ist schön. Ihr seid freundliche Kinder."

....

....

7. Unterstreiche den Begleitsatz in der Mitte.
Schreibe die Sätze ab und setze dabei die Redezeichen.

/4

Ich freue mich sagt Uomi dass ich zwei so gute Freunde gefunden habe.

....

Ist es möglich fragt Jenny dass wir dich mal besuchen können?

....

Ich kann es kaum abwarten erwidert Uomi lachend euch auf meinem

Planeten zu sehen.

....

....

Wir versprechen dir sagt Jonas dass wir bald kommen werden.

....

8. Nun steht der Begleitsatz mal vorn, mal hinten und mal in der Mitte.
Unterstreiche ihn rot und die wörtliche Rede blau.
Setze dann die Redezeichen.

/5

Uomi steigt nun in sein Ufo ruft Jonas.

Jenny ruft Wann kommt du wieder?

Ich bin ganz sicher sagt der Außerirdische dass ich im nächsten

Sommer wiederkomme.

Dann kommst du aber mit zu uns nach Hause schlägt Jenny vor.

Jonas ruft Meine Mutter wird sich wundern, wenn sie dich sieht.

Dein Testergebnis

/40

91

6. Satzglieder

Satzglieder - Umstellprobe

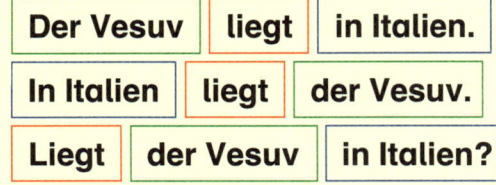

Regel

Teile des Satzes, die man bei einer Umstellprobe
an den Satzanfang umstellen kann, heißen Satzglieder.
Satzglieder können aus einem einzelnen Wort
oder aus mehreren Wörtern bestehen:

| Der Vesuv | liegt | in Italien. |

| In Italien | liegt | der Vesuv. |

| Liegt | der Vesuv | in Italien? |

1. Lies den folgenden Satz. Er ist in Satzglieder unterteilt.

| Ein Vulkanausbruch | ist | sehr gefährlich | für die Menschen. |

2. In jeder Sprechblase fehlt ein Satzglied. Setze es ein.

Ein Vulkanausbruch ist

.... für die Menschen.

Für die Menschen ....

ein Vulkanausbruch sehr gefährlich.

Ist ....

für die Menschen sehr gefährlich?

Sehr gefährlich ist ein Vulkanausbruch

....

92

3. Stelle die Satzglieder um,
sodass jedes Satzglied einmal am Satzanfang steht.
Schreibe die Sätze auf.

Die Masse	nennt	man	Lava.

....

....

....

....

4. Kreise die Satzglieder ein.

Auf   unserer   Erde   gibt   es   fünfhundert   aktive   Vulkane.

Wie erkenne ich ein Satzglied?

Mach die Umstellprobe: Prüfe, welche Wörter du allein oder gemeinsam an den Anfang des Satzes stellen kannst.

Aha.
Wenn Wörter zusammenbleiben, dann bilden sie ein Satzglied.

Genau!

5. Stelle die Satzglieder des Satzes in Aufgabe 4 um.
Schreibe die umgestellten Sätze auf.

1. ....

....

2. ....

....

3. ....

....

93

Abwechslungsreich schreiben

1. Lies diese Satzglieder über einen Vulkanausbruch.

verursachte	einen schrecklichen Vulkanausbruch	der Krakatou
explodierte	im Jahre 1883	der Vulkan
bewirkte	eine riesige Flutwelle	die Explosion
kamen	ums Leben bei dieser Flutwelle	viele Menschen
betrug	36 Meter die Höhe der Flutwelle	

Tipp

In einem Text kommt es sehr darauf an,
an welcher Stellen im Satz ein Satzglied steht.
Für einen guten Text sind besonders die **Satzanfänge** wichtig.
Stelle an den Anfang, was du wichtig findest:
Die **Umstellprobe** hilft dir dabei.

2. Füge die Satzglieder zu Sätzen zusammen.
Stelle an den Anfang, was du wichtig findest.

Der Krakatou verursachte einen schrecklichen Vulkanausbruch.
....
....
....
....
....
....

Tipp

Durch Umstellproben kann man **einen Text verbessern:**
Stelle Wichtiges an den Anfang des Satzes.

Vulkane

Sehr gefährlich ist ein Vulkanausbruch für die Menschen. Die Erde bricht dabei an einer Stelle auf. Eine rot glühende Flüssigkeit schießt dann heraus. Lava nennt man diese heiße Masse. Die Lavamasse kühlt an der Luft ab. Zu festem Gestein verwandelt sie sich. Auf dem Meeresgrund kommt es täglich zu Vulkanausbrüchen.

3. **Der Text liest sich holprig.**
   Umkreise die Satzglieder.
   Schreibe den Text neu: Probiere aus, wie er flüssiger klingt.

Das Subjekt

1. **Bestimme in jedem Satz das Subjekt.**
   Erfrage es und unterstreiche es, wenn die Frage beantwortet ist.

   <u>Eine Gruppe von Wissenschaftlern</u> startet zu einer Vulkanexpedition nach Island.

   Frage: Wer startet zu einer Vulkanexpedition nach Island?

   Antwort: Eine Gruppe von Wissenschaftlern.

   Ein kleiner Kratersee funkelt türkisblau in der Sonne.

   Frage:

   Antwort:

   Da tritt eine Wissenschaftlerin plötzlich in ein Lehmloch.

   Frage:

   Antwort:

   Nun sind ihre Schuhe ganz schmutzig.

   Frage:

   Antwort:

Vulkanexpedition auf Island

a) Eine Gruppe von Wissenschaftlern startet zu einer Vulkanexpedition.

b) Mittags erreichen sie den Vulkanberg.

c) Ein kleiner Kratersee funkelt türkisblau in der Sonne.

d) Die Erde blubbert.

e) Überall sieht man schwarze warme Lavamasse.

f) Die Wissenschaftler nehmen viele Bodenproben mit.

g) Zu Hause untersuchen sie die Proben unter dem Mikroskop.

2. Kreise im Text die Satzglieder ein.

Erinnere dich:
Satzglieder ermittelst du durch
die Umstellprobe.

3. Schreibe für jeden Satz das Subjekt auf.

a) ....

b) ....

c) ....

d) ....

e) ....

f) ....

g) ....

Das Prädikat

Der Untergang der Stadt Pompeji

Wir <u>schreiben</u> den 24. August des Jahres 79 nach Christus.

Die Menschen der Stadt Pompeji sitzen um den Mittagstisch.

Sie essen Haselmäuse und Fischsoße.

Plötzlich verdunkelt sich der Himmel.

Es kracht und dröhnt.

Dann fließt eine heiße Lawine durch die Stadt.

Einige Menschen fliehen aus der Stadt.

Andere bleiben in ihrer Wohnung.

Doch eine Gas- und Aschewolke erstickt jedes Leben.

Die Lavamassen begraben alles unter sich.

1. Unterstreiche in jedem Satz das Prädikat.

2. Verbinde und schreibe richtig auf: Umkreise in deinen Sätzen das Prädikat.

Vulkane	heißen	auch Feuerberge.
Die Menschen	dachten	früher:
Im Berg	brennt	ein Feuer.
Die Erdkugel	enthält	sehr heißes, flüssiges Gestein.
Diese heiße Magma	fließt	beim Ausbruch aus dem Vulkan.
Die Menschen	nennen	sie dann Lava.
Im Vulkan	ist	also gar kein Feuer.

....

....

....

....

....

....

3. Trage die Verben in die Lücken ein.

Ein Vulkan .... nicht nur Gestein, Asche und Wasserdampf.
fördern

Ein Lavastrom .... an den Seiten des Vulkans hinab.
fließen

Dabei .... er wie ein brennender Fluss,
wirken

der alles, was ihm im Weg steht, ... und ....
verbrennen   niederwalzen

.... die Lava, ... der Vulkan höher.
erstarren   werden

99

Objekte

1. Suche das Objekt. Verbinde.

Der Stadtschreiber schreibt	Menschen und Tiere.
Die Menschen essen	die Stadt.
Der Himmel verdunkelt	einen Bericht.
Die Bürger helfen	den Kindern.
Die Lavamassen begraben	Haselmäuse und Fischsoße.

2. Schreibe die Sätze auf.

3. **Lies die folgenden Sätze.**
Frage nach dem Objekt und unterstreiche es.
Gib an, welches Objekt es ist.

Der isländische Vulkan Eyjafjalla macht <u>Ärger</u>.

Frage: Wen/was macht der isländische Vulkan Eyjafjalla?

Antwort: Ärger   Akkusativ-Objekt

Die Vulkanasche verdunkelt den europäischen Himmel.

Frage:

Antwort: -Objekt

Die Spanier schließen die Flughäfen.

Frage:

Antwort: -Objekt

Reisende drohen den Fluggesellschaften.

Frage:

Antwort: -Objekt

Experten befürchten ein Chaos.

Frage:

Antwort: -Objekt

Sätze bilden

1. **Bilde Sätze mit Subjekt, Prädikat und Objekt.**
Schreibe das Subjekt blau, das Prädikat rot und das Objekt grün.

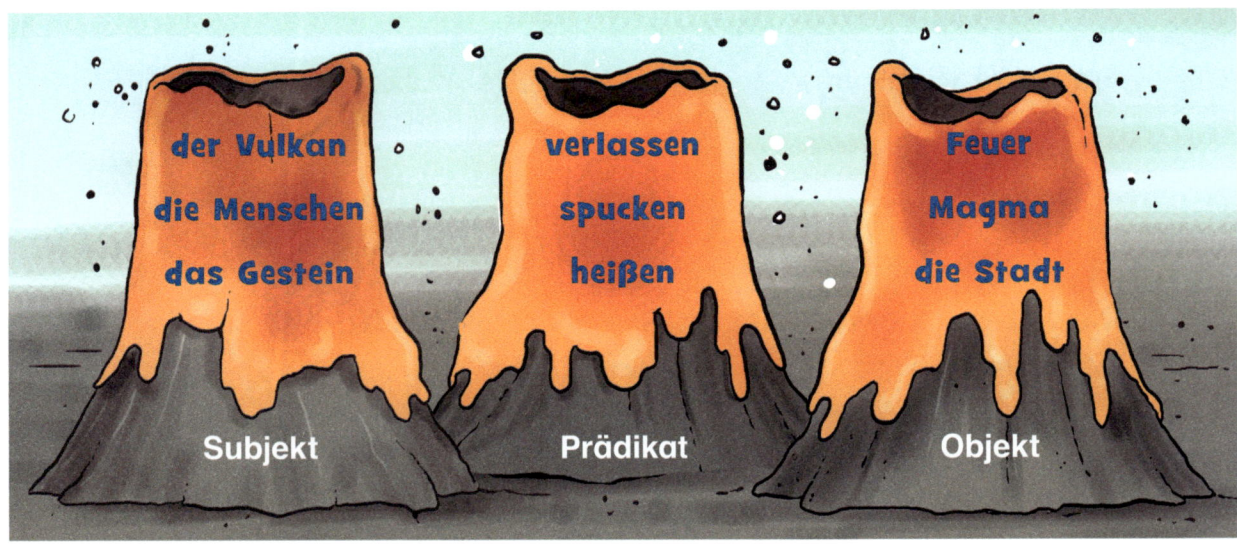

der Vulkan
die Menschen
das Gestein

verlassen
spucken
heißen

Feuer
Magma
die Stadt

Subjekt   Prädikat   Objekt

Der Vulkan

....

....

....

2. **Bestimme die einzelnen Satzglieder.**
Ermittle sie durch die richtigen Fragen.

Wer oder was?	Was tut er?	Wen oder was?
Ein Bauer	entdeckt	Rauch.
Subjekt	Prädikat	Objekt

Wer oder was?	Was tut er?	Wen oder was?
Ein Vulkan	spuckt	Feuer

Das heiße Gestein	verschüttet	das Land.

3. **Unterstreiche in jedem Satz das Subjekt und umkreise das Prädikat.**

Manche dieser Sätze enthalten außer Subjekten und Prädikaten weitere Satzglieder.

Erloschene Vulkane füllen sich oft mit Wasser.

Tiefe Seen entstehen.

Solche Vulkanseen findet man auch in Deutschland.

Diese Seen heißen Maare.

Viele Maare befinden sich in der Eifel im Westen Deutschlands.

Das tiefste Maar befindet sich bei Daun in der Eifel.

Die Menschen nennen es Pulvermaar.

Das Pulvermaar hat eine Tiefe von etwas 75 Metern.

Kinder schwimmen gern darin.

4. **Schreibe den Text ab.**

6. Test

Bist du fit?

1. **Lies den Satz.**
Führe die Umstellprobe durch.
Schreibe zwei umgestellte Sätze auf.

/2

Die Menschen fürchteten sich vor Vulkanausbrüchen.

....

....

....

....

2. **Ergänze die Regel.**

/3

Teile des Satzes, die man bei einer ....

an den Satzanfang umstellen kann, heißen ....

Satzglieder können aus einem .... Wort

oder aus mehreren Wörtern bestehen.

3. **Gib an, was für einen guten Text wichtig ist.**

/3

Für einen guten Text sind besonders die .... wichtig.

Stelle an den ...., was du wichtig findest:

Die .... hilft dir dabei.

Die Umstellprobe ist ganz einfach!

Stimmt. Und sie hilft, Satzglieder zu bestimmen.

4. Verbinde die Luftballons, die zusammengehören. /3

5. Bestimme die Satzglieder und kreise sie ein. /3

Die glühende Lava schoss aus dem Vulkan.

....

Die Menschen flüchteten aus der Stadt.

....

Der Vulkan richtete große Schäden an.

....

Bist du fit?

6. **Bestimme in jedem Satz das Subjekt.** /5
Erfrage es zuerst. Unterstreiche es, wenn die Frage beantwortet ist.

Lavamasse besteht aus heißem Gestein.

Frage: Wer oder was ....

Antwort: ....

Ein paar Jahre später brach der Vulkan erneut aus.

Frage: ....

Antwort: ....

Auf einer Insel richtet eine Vulkanexplosion großen Schaden an.

Frage: ....

Antwort: ....

Erkaltete Lava bildet neues Land um die Insel herum.

Frage: ....

Antwort: ....

Die Menschen können das neue Land erst viele Jahre später nutzen.

Frage: ....

Antwort: ....

7. **Beantworte die folgenden Fragen.** /2

Wie heiß das Wort Satzaussage auf lateinisch?

....

Wie fragt man danach?

....

8. **Ergänze die Lücken im Regeltext.** /5

In den meisten Sätzen gibt es

....

Das Akkusativ-Objekt antwortet auf die Frage ....?

Die Erde spuckt Lava. – Frage: .... spuckt die Erde?
                                 Antwort: Lava.

Das Dativ-Objekt antwortet auf die Frage ....?

Vulkane gefallen Kindern. – Frage: .... gefallen Vulkane?
                                 Antwort: Kindern

9. **Unterstreiche in den Sätzen das Subjekt blau,** /3
das Prädikat rot und das Objekt grün.

Vulkanausbrüche sind große Katastrophen.

Lava und Asche bedecken das Land.

Die Menschen verlassen ihre Stadt.

Dein Testergebnis

/29

Fachbegriffe

Adjektiv: Mit Adjektiven (Wiewörtern) kann man genau beschreiben.
Beispiel: das Auto – das schnelle Auto – das schnelle, gelbe Auto
Adjektive haben eine **Grundform** und **zwei Vergleichsstufen**:
Grundform: groß
1. Vergleichsstufe: größer
2. Vergleichsstufe: am größten
Beispiel: Jan ist größer als Max. Anna ist am größten.

Akkusativ-Objekt: Das Akkusativ-Objekt antwortet
auf die Frage wen oder was?
Beispiel: Der Erde spuckt Lava.
Frageprobe: Wen oder was spuckt die Erde? – Lava

Artikel: Artikel begleiten Nomen. Es gibt
• bestimmte Artikel: der, die, das
• unbestimmte Artikel: ein, eine

Ausrufezeichen: !
Das Ausrufezeichen steht am Ende eines Ausrufesatzes oder eines
Aufforderungssatzes.

Begleiter: Begleiter können Artikel sein oder andere Wörter,
die vor Nomen stehen.
Beispiele: meine, keine, solche, diese, viele

Begleitsatz: Der Begleitsatz zeigt an,
wer bei der wörtlichen Rede spricht.
Beispiel: Paul erzählt: „Ich habe draußen gespielt."

Dativ-Objekt: Das Dativ-Objekt antwortet
auf die Frage wem?
Beispiel: Vulkane gefallen Kindern.
Frageprobe: Wem gefallen Vulkane? – Kindern

Einzahl: Nomen können in der Einzahl (Singular) oder in der Mehrzahl (Plural) stehen.
Beispiel: der Fisch (Einzahl) – die Fische (Mehrzahl)

Fragezeichen: ?
Das Fragezeichen steht am Ende eines Fragesatzes.

Gegenwartsform → Präsens

Hauptwort → Nomen

Imperfekt → Präteritum

Komma: Zwischen Aufzählungen werden Kommas gesetzt.
Vor und und oder steht kein Komma.
Beispiel: Oma, Opa, Mama und Lina gehen in den Zoo.

Konsonant: Konsonanten (Mitlaute) werden alle Buchstaben des Alphabets außer den Vokalen a, e, i, o, u genannt, also b, c, d, f, g, h, j, k, l, m, n, p, q, r, s, t, v, w, x, y, z.

Mehrzahl → Einzahl

Mitlaut → Konsonant

Nomen: Nomen (Namenwörter, Hauptwörter, Substantive) werden großgeschrieben. Nomen sind Wörter
• für Lebewesen (Pflanzen, Tiere, Menschen) und
• für Dinge, die man sehen oder sich vorstellen kann.

Objekt: Neben Subjekt und Prädikat haben viele Sätze ein oder mehrere Objekte.

Perfekt: Das Perfekt (zusammengesetzte Vergangenheit) ist eine Zeitform.
Das Perfekt wird oft verwendet, wenn etwas Vergangenes **erzählt** wird.
Beispiel: ich habe gespielt

Plural → Mehrzahl

Prädikat: Das Prädikat (Satzaussage, Satzkern) ist der Teil des Satzes, der sagt, was geschieht. Das Prädikat besteht immer aus einem Verb. Beispiel: Pia spielt draußen. Pia hat gestern drinnen gespielt.

Präsens: Das Präsens (Gegenwartsform) ist eine Zeitform. Das Präsens wird verwendet, wenn etwas in der Gegenwart geschieht. Beispiel: ich spiele

Präteritum: Das Präteritum (einfache Vergangenheitsform, Imperfekt) ist eine Zeitform. Das Präteritum wird oft verwendet, wenn man über die Vergangenheit schreibt. Beispiel: ich spielte

Punkt: .
Ein Punkt steht nach einem Aussagesatz.

Redezeichen: Die Redezeichen (Anführungszeichen) markieren die wörtliche Rede. Beispiel: Paul erzählt: „Ich habe draußen gespielt."

Satzaussage → Prädikat

Satzgegenstand → Subjekt

Satzglied: Jeder Teil eines Satzes, den man bei einer Umstellprobe an den Satzanfang stellen kann, ist ein Satzglied.

Satzschlusszeichen: Satzschlusszeichen sind die Zeichen, die das Ende eines Satzes markieren: Punkt, Ausrufezeichen, Fragezeichen.

Selbstlaut → Vokal

Singular → Einzahl

Subjekt: Das Subjekt (Satzgegenstand) sagt,
wer oder was in einem Satz etwas tut.
Beispiel: Pia spielt draußen.
Frageprobe: Wer oder was spielt draußen? – Pia

Substantiv → Nomen

Tätigkeitswort → Verb (auch: Tuwort)

Umstellprobe: Teile des Satzes, die man bei einer Umstellprobe umstellen
kann, heißen → Satzglieder.
Die Umstellprobe hilft, abwechslungsreich zu schreiben.
Beispiel: Pia spielt bei schlechtem Wetter sehr gern im Haus.
Bei schlechtem Wetter spielt Pia sehr gern im Haus.
Im Haus spielt Pia bei schlechtem Wetter sehr gern.

Verb: Verben (Tuwörter, Tätigkeitswörter) sagen,
was jemand tut oder was geschieht. Sie haben eine Grundform.
Im Satz kommen sie oft in gebeugter Form vor.
Beispiel: spielen (Grundform) – Pia spielt im Haus. (gebeugte Form)

Vokal: Die Vokale (Selbstlaute) sind die Buchstaben a, e, i, o, u.
Auch die Umlaute ä, ö, ü gehören zu den Vokalen.

Wiewort → Adjektiv

Wortbaustein: Viele Wörter haben vorne oder hinten Wortbausteine.
Beispiel: Un-glück, glück-lich

Wörtliche Rede: Was jemand sagt, ist die wörtliche Rede.
Sie wird in Redezeichen gesetzt.
Beispiel: Paul erzählt: „Ich habe draußen gespielt."

Ergebnisse im Test

In dieser Tabelle kannst du ankreuzen, wie du im Test abgeschnitten hast.

So erhältst du einen Überblick über deine Leistungen.

Kapitel	Super!	In Ordnung!	Bitte noch einmal üben!
1. Wortarten: Nomen			
2. Wortarten: Verben			
3. Wortarten: Adjektive			
4. Wortbildung			
5. Der Satz			
6. Satzglieder			

LERN STARK!

Deutsch
Grammatik
3. Klasse

Lösungsheft zu 978-3-507-23276-1

Schroedel
westermann

Seite 6

1.

In den Sommerferien fährt Jana mit ihrer Freundin Maria auf den Sonnenhof. Der Sonnenhof ist ein Reiterhof und liegt in der Nähe von Bremen. Er gehört der Familie Staufer.
Bernhard Staufer züchtet Pferde, seine Frau Susanne gibt Reitunterricht.
Jana und Maria haben jeden Tag vier Stunden Unterricht. Jana reitet Diva, eine schöne Friesenstute. Marias Pflegepferd heißt Windspiel und ist ein Hannoveraner.
Auf dem Hof gibt es außerdem den großen schwarzen Labrador Sam und die weiß-gelbe Siamkatze Sally.
Es sind wundervolle Ferien.

Seite 7

2.

Name des Reiterhofes: Sonnenhof
Name der Stadt, in der der Hof liegt: Bremen
Name des einen Mädchens: Jana
Name ihrer Freundin: Maria
Name von Janas Pflegepferd: Diva
Name von Marias Pflegepferd: Windspiel
Name der Pferderasse von Diva: Friese
Name der Pferderasse von Windspiel: Hannoveraner
Familienname der Pferdehofbesitzer: Staufer
Name der Reitlehrerin: Susanne
Name der Katze: Sally
Name des Hundes: Sam

Seite 8

1.

der Ochse
die Kuh
das Kalb

der Eber
die Sau
das Ferkel

der Hahn
die Henne
das Küken

Seite 9

2.

hellblau ausgemalt: Hengst, Rüde, Kater, Welpe
hellgrün ausgemalt: Stute, Hündin, Katze
hellrot ausgemalt: Fohlen, Kätzchen

der Hengst, der Rüde, der Kater, der Welpe, die Stute, die Hündin, die Katze, das Fohlen, das Kätzchen

3.

die Sommerferien	der Sonnenhof
die Reitlehrerin	der Unterricht
das Pflegepferd	der Stall
die Reithose	der Sattel
das Futter	die Bürste
das Gitter	der Zaun

Seite 10

1.

der – die – das	ein – eine – ein
die Reithalle	eine Reithalle
das Pferd	ein Pferd
der Sattel	ein Sattel
der Zügel	ein Zügel
die Reitlehrerin	eine Reitlehrerin

2.

ein ~~eine~~

~~ein~~ eine

~~ein~~ eine

ein ~~eine~~

Seite 11

3.

Der Sonnenhof ist **ein** Reiterhof, auf dem Maria und Jana ihre Freien verbringen.

Maria ist **die** beste Freundin von Jana. Beide leben in Syke, das ist **eine** kleine Stadt in Norddeutschland.

Die größte Stadt im Umkreis des Sonnenhofs heißt Bremen.

Bremen ist **eine** Hafenstadt.

Bernhard und Susanne Staufer sind **die** Besitzer des Sonnenhofs.

Susanne Staufer ist **die** Reitlehrerin auf dem Sonnenhof. Sie ist **eine** sehr gute Lehrerin.

Auf dem Hof lebt **der** Hund Sam. Er ist **ein** Labrador.

Jana reitet **das** Pferd Diva. Diva ist **eine** Stute.

Das Pferd Windspiel ist Marias Pflegepferd. Es ist **ein** Hannoveraner.

Die Siamkatze Sally liegt in der Sonne. Sie ist **eine** richtige Schmusekatze.

Seite 12

1.

Janas Pflegepferd frisst jeden Abend **Heu**.

Susanne ist **Reitlehrerin**.

Der Labrador Sam muss am **Freitag** zum Tierarzt.

Morgen haben wir um 9.00 Uhr **Reitunterricht**.

Maria trinkt gern **Limonade**, wenn sie durstig ist.

Der Katze Sally sollte man lieber **Wasser** zu trinken geben.

Milch vertragen Katzen nicht.

Jana ist Marias beste Freundin.

Seite 13

2.

Frau Sattler ist **Reitlehrerin**.

Ich bin **Verkäuferin**.

Ich bin **Gärtnerin**.

3.

Herr Meier ist **Tierarzt**.

Ihr Mann ist **Bauer**.

Lothar Lila ist **Koch**.

Carl Schmelz ist **Zahnarzt**.

Seite 14

1.

Ausritte sind besonders schöne Erlebnisse. Jana und die anderen Schüler reiten durch die Felder. Die Pferde sind schnell. Plötzlich brechen zwei Rehe aus dem Wald. Die Pferde erschrecken sich und bäumen sich auf. Jana kann sich nicht halten und fällt in die Blumen. Sie hat sich aber nicht wehgetan.

Mehrzahl	Einzahl
die Ausritte	der Ausritt
die Erlebnisse	das Erlebnis
die Schüler	der Schüler
die Felder	das Feld
die Pferde	das Pferd
die Rehe	das Reh
die Blumen	die Blume

Seite 15

2.

Mehrzahl = Einzahl + -se
das Erlebnis – die Erlebnisse

Mehrzahl = Einzahl + -er
das Feld – die Felder

Mehrzahl = Einzahl + -e
der Ausritt – die Ausritte
das Pferd – die Pferde
das Reh – die Rehe

Mehrzahl = Einzahl
der Schüler – die Schüler

Seite 16

1.

	Kratzer	der Hufkratzer
	Decke	die Satteldecke
Huf	Salbe	die Hufsalbe
	Schmied	der Hufschmied
Sattel	Tasche	die Satteltasche
	Gurt	der Sattelgurt
	Eisen	das Hufeisen

2.
Beispiele:
der Pferderücken
der Tierarzt
der Ohrenarzt

Seite 17

3.

Putzzeug	Kleidung
Striegel	Stiefel
Mähnenkamm	Weste
Hufkratzer	Regenjacke
Bürste	Reithose

Futtermittel	Reitzubehör
Möhren	Steigbügel
Leckerchen	Zügel
Hafer	Gerte
Kraftfutter	Sattel

Seite 18

1.

Er ist groß und nett –
schläft bei Susanne unterm Bett. [1]

Sie gibt keine Ruh –
will springen immerzu. [6]

Es ist klein, aber schwer –
Pferde brauchen es sehr. [5]

Sie ist klug und schön –
kann jeden Fehler sehn. [3]

Er ist stark wie ein Bär –
kein Pferdebein ist ihm zu schwer. [4]

Sie liegt in der Sonne und schnurrt
voller Wonne [2]

Seite 19

2.

Mein Pflegepferd heißt Windspiel.
Es trägt mich sicher durch das Gelände.

Gleich kommt der Hufschmied.
Er hat heute viel Arbeit.

Wollen wir die Pferde satteln?
Sie sollen zur Reitstunde fertig sein.

Ich liebe Sally.
Sie liegt in der Sonne und lässt sich
streicheln.

Legt das Hufeisen auf den Tisch.
Es muss ersetzt werden.

Bringt die Pferde auf die Wiese.
Sie können heute draußen bleiben.

Seite 20

1.

ich: mein, meine, meiner, meinem, meinen
du: dein, deine, deiner, deinem, deinen
er/es: sein, seine, seiner, seinem, seinen
wir: unser, unsere, unserer, unserem, unseren
ihr: euer, eure, eurer, eurem, euren
sie: ihr, ihre, ihrer, ihrem, ihren

Seite 21

2.

„Jana, hast du ~~mein~~/meine Gerte gesehen?
Ich kann sie nicht finden."
„Hast du schon unter ~~dein~~/deinem Sattel
nachgeschaut?"
„Hier ist sie nicht. Vielleicht habe ich sie bei
unserem/~~unser~~ Ausritt verloren."
Plötzlich muss Maria lachen. „Ich glaube,
ich habe sie gefunden. Sieh mal, was Sam
in seinem/~~seines~~ Maul hat!"

3.

Morgens füttere ich die Pferde und bringe
sie auf die Wiese. Dann helfe ich Maria,
den Stall auszumisten. **Unsere** Arbeit macht
uns großen Spaß.
Danach haben **wir** eine Reitstunde. Ich
trainiere mit **meinem** Pflegepferd. **Es** heißt
Diva und ist sehr lieb.
Die Reitlehrerin sagt oft zu mir: „**Du** hältst dich
sehr gut auf dem Pferd, Jana.
Bestimmt bekommst du am Ende **dein** kleines
Hufabzeichen."

Seite 22: Bist du fit?

Soweit nicht anders angegeben, erhältst du für jedes richtige Ergebnis einen Punkt.

1.

SUSANNE ARBEITET ALS REITLEHRERIN AUF DEM SONNENHOF. DER UNTERRICHT MACHT IHR VIEL FREUDE. DIE SCHÜLER SIND IMMER SEHR AUFMERKSAM UND KÖNNEN ALLE SCHON SEHR GUT AUF DEN PFERDEN REITEN.

2.

die Reitlehrerin, der Sonnenhof, der Unterricht, die Freude, die Schüler, die Pferde

3.

Gesellschaftsspiel
Domino – Memory – Puzzle

Gemüse
Möhre – Gurke – Kohlrabi

Haustier
Meerschweinchen – Hamster – Katze

Pflanze
Baum – Blume – Busch

Seite 23: Bist du fit?

4.

Einzahl	Mehrzahl
der Huf	**die Hufe**
das Fohlen	die Fohlen
der Stall	**die Ställe**
das Pony	die Ponys
die Mähne	**die Mähnen**

5.

Ich sehe **ein** neues Pferd im Stall.
Das ist bestimmt **das** Pferd, das sich Susanne gekauft hat.
Das Pferd heißt Rose. **Es** ist ein Islandpferd.

6.

Ich mag meine Stute Diva. **Sie** hat so ein weiches Fell.
Das Fohlen ist sehr klein. **Es** läuft immer hinter seiner Mutter her.
Der Hufschmied ist sehr geduldig. **Er** beruhigt das Pferd.
Die Pferde laufen auf die Wiese. **Sie** freuen sich auf das frische Gras.
Maria und ich packen unsere Koffer. **Wir** fahren morgen.

Von insgesamt **31 Punkten**
hast du _____ Punkte erreicht.

Super!	In Ordnung!	Bitte noch einmal üben!
31 bis 25 Punkte	24 bis 16 Punkte	unter 16 Punkten

Seite 24

1.

Hallo, ich heiße Kunibert von Dedinghausen. Ich lebe bei meinem Herrn auf der Burg Felsenstein. Ich bin Knappe. Das bedeutet, dass ich eine Ausbildung zum Ritter mache. Ich lerne viel. Manches kann ich schon gut, zum Beispiel schwimmen, reiten, das Pferd pflegen, mit der Faust und mit dem Schwert kämpfen und mit dem Bogen schießen. Außerdem singe ich oft und spiele die Laute. Meinem Herrn diene ich treu. Ich bringe ihm das Essen und helfe beim Anziehen.

Seite 25

2.

 dem Ritter in die Rüstung helfen

Bogenschießen

 Laute spielen

reiten

 Essen bringen

Pferd pflegen

 Hof fegen

schnell laufen

Seite 26

1.

Wortstamm	Endung	Grundform
schmied-		schmieden
kletter-		klettern
färb-		färben
krabbel-	-en	krabbeln
spiel-	-n	spielen
schieß-		schießen
wander-		wandern
trink-		trinken
schmetter-		schmettern

Seite 27

2.

	ich	du	er/sie/es
gehen	gehe	gehst	geht
lachen	lache	lachst	lacht
suchen	suche	suchst	sucht
baden	bade	badest	badet
laufen	laufe	läufst	läuft

	wir	ihr	sie
holen	holen	holt	holen
denken	denken	denkt	denken
jagen	jagen	jagt	jagen
schießen	schießen	schießt	schießen
legen	legen	legt	legen

Seite 28

1.

Kunibert **erzählt** vom Leben in der Burg.
Heute will der Burgherr ein Bad **nehmen**.
Das ist viel Arbeit für uns.
Ein Diener **holt** Wasser aus dem Brunnen.
Er **heizt** den Ofen.
Dann **gießt** er das warme Wasser
in den Badezuber.
Ich **helfe** meinem Herrn beim Ausziehen.
Der Burgherr **setzt** sich in die warme
Badewanne.
„**Schrubbst** du mir bitte den Rücken",
sagt er zu mir.
Ich **nehme** den Schwamm und **tauche**
ihn in das Wasser.
Dann **wasche** ich meinem Herrn den Rücken.
Der Burgherr **seufzt** zufrieden.

Seite 29

2.

Wir Ritter **leben** mit unseren Familien
auf der Burg.
Wir **feiern** sehr gerne.
Heute **erscheinen** viele Gäste.
„**Kommt** zu uns in den Rittersaal", ruft
der Burgherr.
Die Köche **bringen** Spanferkel und
Honigwein.
Dann **sitzen** wir alle bis spät in die Nacht
zusammen.

3.

Zum Essen **verwenden** wir Löffel, Messer
und Gabeln.
Ein Gast ist erstaunt, er **kennt** kein Besteck.
Zuhause in seiner Burg **essen** sie noch mit
den Fingern.
Wir **wissen** halt, wie man sauber speist.
Mein Herr ist viel gereist, er **findet** immer
Neues.
Wir **lernen** tolle Sachen hier auf Burg
Felsenstein!

Seite 30

1.

aufessen, voressen, anbauen, aufbauen,
aufspielen, vorspielen, ansagen, aufsagen,
vorsagen, ansingen, vorsingen

Seite 31

2.

Die Köchin bereitet das Essen zu.
Verb: zubereiten
Die Knappen bauen eine große Tafel auf.
Verb: aufbauen

Die Köche tragen das Essen auf.
Verb: auftragen
Die Burgherren schenken den Wein ein.
Verb: einschenken

3.

Kunibert bereitet seinen Herrn vor.
Die Ritter fangen mit dem Turnier an.
Die Besucher schauen aufgeregt zu.

Seite 32

1.

So Unterstrichenes steht für die
Vergangenheit:
Vergangenheit
So Unterstrichenes steht für die Gegenwart:
Gegenwart
So Unterstrichenes steht für die Zukunft:
Zukunft

Früher lebte ich am Hofe meiner Eltern.
Ich helfe meinem Ritter jeden Tag.
Später werde ich selbst Ritter sein.
Ich werde Turniere reiten.
Heute wohne ich am Hof des Ritters von
Felsenstein.
Ich lernte singen und kämpfen.
Ich werde in den Krieg ziehen.
Ich bin Knappe.
Ich spielte mit dem Holzschwert.
Ich schlafe auf dem Fußboden.
Meine Mutter erzog mich sehr streng.
Ich werde ein Burgfräulein heiraten.

Seite 33

2.

Vergangenheit:
Früher lebte ich am Hofe meiner Eltern.
Ich lernte singen und kämpfen.
Ich spielte mit dem Holzschwert.
Meine Mutter erzog mich sehr streng.

Gegenwart:
Ich helfe meinem Ritter jeden Tag.
Heute wohne ich am Hof des Ritters von
Felsenstein.
Ich bin Knappe.
Ich schlafe auf dem Fußboden.

Zukunft:
Später werde ich selbst Ritter sein.
Ich werde Turniere reiten.
Ich werde in den Krieg ziehen.
Ich werde ein Burgfräulein heiraten.

Seite 34

3.

 Die Menschen haben auf dem Fußboden **geschlafen**.

 Die Menschen haben Brot **gegessen**.

 Die Menschen haben Wasser **getrunken**.

 Die Kinder haben Blindekuh **gespielt**.

Seite 35

4.
Verben, die mit **haben** zusammengesetzt
werden, werden so unterstrichen: haben
Verben, die mit **sein** zusammengesetzt
werden, werden so unterstrichen: sein

Sie haben sich hinter den Zinnen versteckt.
Verb: haben versteckt

Dann haben sie heißes Öl durch die Pechnase
gegossen.
Verb: haben gegossen

Die Gegner sind auf ihre Pferde gesprungen.
Verb: sind gesprungen

Sie sind über die Zugbrücke geritten.
Verb: sind geritten

Sie sind auch durch den Burggraben
geschwommen.
Verb: sind geschwommen

Doch die Ritter haben die Burg gut verteidigt.
Verb: haben verteidigt

Seite 36

1.

Das Turnier
Am Nachmittag hat es ein großes Turnier
gegeben.
Ich habe gegen den Ritter Rabenfels
gekämpft.
Lange hat der Kampf gedauert.
Zuletzt habe ich den Ritter vom Pferd
gestoßen.
So habe ich den Kampf gewonnen.

2.

☒ Es handelt sich hier um eine mündliche Erzählung.

3.

habe gekämpft – kämpfte
hat gedauert – dauerte
habe gestoßen – stieß
habe gewonnen – gewann

Seite 37

4.

Das Turnier
Am Nachmittag gab es ein großes Turnier.
Ich kämpfte gegen einen Ritter Rabenfels.
Lange dauerte der Kampf.
Zuletzt stieß ich den Ritter vom Pferd.
So gewann ich den Kampf.

Seite 38

1.

Dann werde ich in einer großen Burg wohnen.
Ich werde eine schöne Frau heiraten.
Ich werde die Burg meines Fürsten mutig und tapfer verteidigen.

2.

Morgen Abend **werde** ich ein Ritter **sein**.
Die anderen Knappen **werden** mich in die Burgkapelle **bringen**.
Ich **werde** dort eine Nacht lang zu Gott **beten** und ich **werde** fasten, also nichts **essen**.
Dann **werde** ich einen Treueeid auf die Bibel **schwören**.
Mein Fürst **wird** mir die Ritterrüstung **anziehen**.

Seite 39

3.

Ich freue mich auf mein Leben als Ritter!
Gleich morgen setze ich mich auf mein Pferd und reite los.
Dann erlebe ich viele Abenteuer.
Von morgens bis **mittags** reite ich, immer weiter fort.
Wenn ich **am Nachmittag** den finsteren Tannenwald erreiche, treffe ich bestimmt einen wilden Bären. Was wird der Bär tun?

4.

Was wird der Bär tun?

5.

Hier gibt es verschiedene Lösungsmöglichkeiten. Bitte jemanden, zum Beispiel deine Eltern, deine Lösungen zu überprüfen.

Seite 40: Bist du fit?

Soweit nicht anders angegeben, erhältst du für jedes richtige Ergebnis einen Punkt.

1.

Ich **lebe** als Knappe auf einer Burg.
Eine Burganlage **besteht** aus meterdicken Mauern.
Im Inneren der Burg **steht** der Bergfried.
Hierhin **retten** sich alle, wenn Gefahr droht.

2.

Wenn du etwas Erlebtes aufschreibst, verwendest du das **Präteritum**.
Erzähst du mündlich, benutzt du meist das **Perfekt**.

3.

Vergangenheit: Ich wohnte bei meinem
Ritter.
Zukunft: Ich werde bei meinem Ritter wohnen.

Vergangenheit: Mein Ritter zog seine Rüstung an.
Zukunft: Mein Ritter wird seine Rüstung anziehen.

Vergangenheit: Der fremde Ritter gewann das Turnier.
Zukunft: Der fremde Ritter wird das Turnier gewinnen.

Seite 41: Bist du fit?

4.

Der Ritter wird ein
Bad nehmen. ⟶ Futur
Ich habe das Turnier
gewonnen. ⟶ Perfekt
Die Ritter feiern ein Fest. ⟶ Präsens
Wir aßen mit den Fingern. ⟶ Präteritum

5.

stattfinden, zubereiten, aufbauen,
einschenken

Auswertung
Von insgesamt **19 Punkten**
hast du _____ Punkte erreicht.

Super!	In Ordnung!	Bitte noch einmal üben!
19 bis 15 Punkte	14 bis 10 Punkte	unter 10 Punkten

Seite 42

1.
Es ist Gül.
Es ist Jan.
Es ist Kimiyo.

Seite 43

2.

neu	dick	nett
fröhlich	schwarz	blitzend
lustig	schnell	sportlich

Seite 44

1.

 blond, fröhlich, klein

groß, dünn, rothaarig

stark, dick, schwarzhaarig

klug, klein, lustig

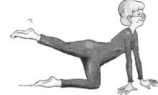 alt, lustig, sportlich

Seite 45

2.

klein – groß
schwarz – weiß
traurig – fröhlich
hässlich – schön
laut – leise
unsportlich – sportlich
stark – schwach
klug – dumm
schnell – langsam
böse – lieb
krank – gesund

3.

gefährlich – ungefährlich
pünktlich – unpünktlich
ruhig – unruhig
giftig – ungiftig
hörbar – unhörbar
gültig – ungültig
reif – unreif
bescheiden – unbescheiden
artig – unartig

Seite 46

I.

mutig, schriftlich, giftig, glücklich, staubig,
sportlich, freundlich

Seite 47

2.

Er ist ein **freundlicher** Junge.
Sie ist ein **sportliches** Mädchen.
Sie ist ein **glückliches** Mädchen.
Sie ist ein **mutiges** Mädchen.
Er ist ein **zorniger** Junge.

Seite 48

1.

Hallo Jana!
Ich habe deinen netten Brief gelesen und
möchte dir schnell antworten.
Ich bin auch 1,25 Meter groß. Ich habe
schwarze kurze Haare, ein schmales Gesicht,
blaue Augen und eine kleine Stupsnase.
Ich habe ein Meerschweinchen. Es heißt Pinky
und es ist ganz weiß und schmusig. Wenn ich
traurig bin, tröstet es mich immer sehr lieb.
Außerdem habe ich noch einen Bruder, aber
der ist schrecklich. Er ist laut und unordentlich
und er ärgert mich immer. Dann werde ich
sehr wütend.
Erzähle mir auch etwas von dir.
Viele Grüße

Deine Clara

nett, schnell, groß, schwarz, kurz, schmal,
blau, klein, weiß, schmusig, traurig, lieb,
schrecklich, laut, unordentlich, wütend

Seite 49

2.

In der Klasse 3 b gibt es viele **tolle** Schüler.
Der **sportliche** Jan gewinnt das Basketball-
spiel für seine Klasse.
Die **hilfsbereite** Miriam bringt ihrer **kranken**
Freundin die Hausaufgaben.
Der **lustige** Ahmet erzählt seiner Klasse einen
Witz.
Der **kluge** Sven erklärt seinem Nachbarn
die **schwierigen** Matheaufgaben.
Der **starke** Dimitri trägt der **kleinen** Lena
die Tasche.
Die **mutige** Katrin singt ihrer Klasse
ein Lied vor.
Die **fröhliche** Michaela spielt mit
ihren Freunden Gummitwist.

3.

Karol gewinnt jedes Kartenspiel, er ist ein
pfiffiger Junge.
Eigentlich ist Meret keine **schnelle** Läuferin,
aber sie hat Dimitri beim Sportfest überholt.
Katrin hat eine **schöne** Stimme, darum singt
sie so gern.
Sven ist ein **kluger** Kopf, nur Rechtschreibung
kann er nicht.

Seite 50

1.
Mehmet ist groß.
Marvin ist größer.
Lisa ist am größten.

Kathi wirkt klug.
Philipp wirkt klüger.
Mareike wirkt am klügsten.

Jonas ist stark.
Verena ist stärker.
Samuel ist am stärksten.

Mareike liest flüssig.
Cem liest flüssiger.
Am flüssigsten lese ich!

Seite 51

2.

groß – größer – am größten
klein – kleiner – am kleinsten
dick – dicker – am dicksten
nett – netter – am nettesten

3.
Eine Trompete ist laut.
Ein Schlagzeug ist lauter.
Eine Vuvuzela ist am lautesten.

Seite 52

1.
„Mein Nokata ist viel **kleiner**."
„Meins ist **am kleinsten**", sagt er fröhlich.
„Da bin ich diesmal **besser**", erwidert Jana.
„Dann ist mein Diktat **am besten**."

Seite 53

2.

B	L	E	E	R	T	P	V
T	Z	O	N	R	O	T	R
U	R	K	O	I	T	O	I
Z	K	R	A	N	K	W	E
E	I	N	Z	I	G	V	S
G	W	E	I	S	S	O	I
B	L	A	U	M	L	L	G
G	O	L	D	E	N	L	A

leer, rot, tot, riesig, krank, einzig, voll, weiß, blau, golden

Seite 54

1.

Bastian ist so **groß wie** Benno.
Benno ist so **schnell wie** Bastian.
Marie ist **größer als** Lisa.
Lisa ist **schneller als** Marie.

Seite 55

2.

Samuel ist **so groß wie** Clara.
Michael ist **älter als** Samuel.
Jan ist **so stark wie** Philipp.
Sanja ist **so alt wie** Jana.
Sören ist **so gut wie** Katrin.
Kai ist **mutiger als** Jens.

Seite 56

1.

Sie ist **riesengroß**.
Er ist **stocksteif**.
Sie sind **stahlhart**.
Sie sind **veilchenblau**.
Es ist **felsenfest**.

Seite 57

2.

Das Basketballspiel

Heute war ein rabenschwarzer Tag für Jan. Er musste beim Judotraining gegen den bärenstarken Christian antreten. Christian ging schnurgerade auf Jan zu. Dann hob er ihn blitzschnell hoch und warf ihn auf die Matte. Jans Knie waren butterweich und sein Gesicht kreidebleich. „Das ist unfair!", rief er empört.

3.

Adjektive	Vergleich
rabenschwarz	schwarz wie ein Rabe
bärenstark	stark wie ein Bär
schnurgerade	gerade wie eine Schnur
blitzschnell	schnell wie ein Blitz
butterweich	weich wie Butter
kreidebleich	bleich wie Kreide

Seite 58: Bist du fit?

Soweit nicht anders angegeben, erhältst du für jedes richtige Ergebnis einen Punkt.

1.

Heute ist Jana sehr **aufgeregt**.
Sie schreibt nämlich ein **ungeübtes** Diktat.
Frau Mertens, die Deutschlehrerin, liest das Diktat **laut** vor.
Dann schreiben es die Schüler **schnell** in ihr Heft.
Jana passt **gut** auf, damit sie keine Fehler macht.

2.

menschlich, zornig, eckig, gefährlich, lustig

Seite 59: Bist du fit?

3.

schön	**schöner**	**am schönsten**
gut	besser	**am besten**
schnell	**schneller**	**am schnellsten**
groß	**größer**	am größten

4.

Katrin ist **größer als** Konstantin.
Konstantin ist **so groß** wie Birger.
Stefan ist **schneller als** Jana.
Jana ist **so schnell** wie Svenja.

Auswertung
Von insgesamt **22 Punkten**
hast du _____ Punkte erreicht.

Super!	In Ordnung!	Bitte noch einmal üben!
22 bis 18 Punkte	17 bis 11 Punkte	unter 11 Punkten

Seite 60

1.

Erfindungen
Seit es Menschen gibt, erfinden sie Dinge und entwickeln diese weiter. Neuerungen erleichtern das Leben oder sie erfreuen ihre Benutzer. Jede verbesserte Entwicklung hat etwas verändert. Das Rad erlaubte es zum Beispiel, auch schwere Gegenstände zu entfernteren Orten zu bringen. Das Röntgengerät verbessert die medizinische Versorgung. Das Telefon sorgt für eine bessere Verständigung. Die Raumfahrt ermöglicht die Erforschung des Weltalls.

Erfindungen, erfinden, entwickeln, erleichtern, erfreuen, verbesserte, Entwicklung, verändert, erlaubte, entfernteren, verbessert, Versorgung, Verständigung, ermöglicht, Erforschung

Seite 61

2.

Meine Damen und Herren, **kommen** Sie **herbei**. Sie müssen sich anschauen, was ich für Sie erfunden habe. Das Laufrad ist entstanden. Damit können Sie schneller vorankommen, als alle Fußgänger der Welt. Sie müssen sich nur mit den Füßen abstützen, dann können Sie losrollen.
Sie werden alle anderen Menschen überholen.

Vorsilben:
herbei-, an-, er-, ent-, vor-, ab-, los-, über-

1.

Das Feuer

Das Feuer war natürlich keine <u>Erfindung</u>, sondern eine <u>Entdeckung</u>. Es brachte eine große <u>Veränderung</u> für die Menschen. Zuerst hielten die Menschen das Feuer für ein gefährliches Tier. Bei einer <u>Berührung</u> verletzte es die Menschen, aber es brachte auch <u>Helligkeit</u> und sorgte für die <u>Vertreibung</u> der wilden Tiere.

Von einer langen <u>Wanderung</u> brachte man das Feuer mit zur <u>Höhlenwohnung</u> und fütterte es dort weiter mit Holz. Das Feuer führte zu einer <u>Erleichterung</u> und <u>Freiheit</u> des Lebens.

Erfindung, Entdeckung, Veränderung, Berührung, Helligkeit, Vertreibung, Wanderung, Höhlenwohnung, Erleichterung, Freiheit

Seite 63

2.

wohnen – **die Wohnung**
erklären – **die Erklärung**
kleiden – **die Kleidung**
erzählen – **die Erzählung**
wandern – **die Wanderung**
verändern – **die Veränderung**

3.

zeugen – **das Zeugnis**
erlauben – **die Erlaubnis**
verhalten – **das Verhältnis**
geschehen – **das Geschehnis**

Seite 64

1.

einsam – **die Einsamkeit**
schön – **die Schönheit**
klug – **die Klugheit**
gemein – **die Gemeinheit**
herrlich – **die Herrlickeit**
fröhlich – **die Fröhlichkeit**
frei – **die Freiheit**
sauber – **die Sauberkeit**
dumm – **die Dummheit**

Seite 65

2.

Das Rad

Das Rad ist die genialste Erfind**ung** der Mensch**heit**.

Die einfachste Ausführ**ung** besteht aus einer kreisrunden Scheibe mit einer Bohr**ung**.

Sie wird mit einer Verbind**ung** auf eine Achse gesetzt.

Die Achse wird durch die Befestig**ung** einer Holzfläche zum Karren.

Will man den Karren bewegen, braucht man einige Erfahr**ung** und Kennt**nis** über die Beweg**ung**.

Gelingt es, hält der Karren eine große Belast**ung** aus.

3.

die Erfindung, die Menschheit, die Ausführung, die Bohrung, die Verbindung, die Befestigung, die Erfahrung, die Kenntnis, die Bewegung, die Belastung

Seite 66

1.

Zum Beispiel:
der Fußball, das Raumschiff, der Luftballon, die Blechdose, die Mülltonne, das Zirkuszelt, das Geschenkpapier, der Videofilm, der Bildschirm, der Eisbecher

2.

Hier gibt es verschiedene Lösungsmöglichkeiten. Bitte jemanden, zum Beispiel deine Eltern, deine Lösungen zu überprüfen.

Seite 67

3.

wandern + Stock = der Wanderstock
rennen + Rad = das Rennrad
schreiben + Tisch = der Schreibtisch
turnen + Schuh = der Turnschuh
schwimmen + Bad = das Schwimmbad

4.

das Buntpapier = bunt + Papier
der Schlaukopf = schlau + Kopf
der Geheimdienst = geheim + Dienst

5.

lang + Weile = die Langeweile
breit + Maul + Frosch = der Breitmaulforsch

Seite 68

1.

Sehr geehrter Herr Benz,
seit Sie den „Mercedes" erfunden haben, ist unser Leben in Fahrt gekommen.
Das immer fahrbereite Ungetüm raubt uns den letzten Nerv. Man kann sich noch nicht einmal mit einem Fahrrad auf die Straße wagen, ohne von einem dieser neuen Fahrzeuge angefahren zu werden. Die erreichten 25 km/h bewirken ein ganz neues Fahrgefühl und die Fahrer erleben einen Geschwindigkeitsrausch. Darum möchte ich Sie auffordern, Ihre fahrende Blechdose zurückzunehmen.
Sonst werden wir am Ende noch alle überfahren.
Hochachtungsvoll,
Graf Ruhlieb von und zu Wanderfroh

2.

die Fahrt, fahrbereit, das Fahrrad, die Fahrzeuge, angefahren, das Fahrgefühl, die Fahrer, fahrend, überfahren

Seite 69

3.

Fahrbahn, Fahrschule, Fahrkarte, Fahrstuhl, Fahrplan, Fahrzeug, Fahrrad

4.
Eis in der Fahrrinne
Im **Fahrwasser** der MS „Eisscholle" schwappen die Wellen. Der Kapitän **fährt** sein Schiff vorsichtig über die Elbe. Er muss den **Fahrplan** einhalten, obwohl der Fluss zugefroren ist. Ein Eisbrecher hat ihm die **Fahrinne** freigebrochen, darum kann die „Eisscholle" heute den **Fahrdienst** einhalten. Drei **Fahrgäste** sind an Bord, sie haben **Fahrkarten** gekauft.

Seite 70

1.

Der Russe Alexej Paschitnow hat das Computerspiel „Tetris" erfunden. Die erste spielbare Version kam 1984 auf den Markt. Dieses Spiel besteht aus einem Spielfeld, bei dem Spielsteine in verschiedenen Größen in eine Reihe gebracht werden, ohne eine Lücke zu hinterlassen. Für jede geschlossene Reihe erhält der Spieler eine Anzahl an Spielpunkten. „Tetris" kann man auf einer Spielkonsole oder auf dem PC spielen. Das Geduldsspiel ist ein sehr beliebtes Spiel. Es hat sich gezeigt, dass spielfreudige Menschen jeden Alters „Tetris" lieben, ohne spielmüde zu werden.

2.
Nomen:
Computerspiel, Spiel, Spielfeld, Spielsteine, Spieler, Spielpunkte, Spielkonsole, Geduldsspiel, Spiel

Adjektive:
spielbar, spielfreudig, spielmüde

Verben:
spielen

Seite 71

3.
kauf-
kaufen, verkaufen, käuflich, Verkäufer, Kaufhaus, abkaufen

koch-
verkochen, Kochplatte, Koch, Eierkocher, kochfertig, kochen, aufkochen

schreib-
verschreiben, schreiben, schreibfähig, Schreibtisch, abschreiben, Schreibmaschine, Schreibpapier

Seite 72: Bist du fit?

Soweit nicht anders angegeben, erhältst du für jedes richtige Ergebnis einen Punkt.

1.

lenken, wohnen, lesen, umleiten, erfinden

2.

Die Klasse 3b erfindet eine Geschichte zum Fahrrad und wird diese aufschreiben. Aber Cara hat ihre Hausaufgaben vergessen. Glücklicherweise bemerkt die Lehrerin es nicht. Cara wird die Hausaufgaben nachholen.

3.

anschalten, nachlaufen, einholen, weglaufen, erholen, entlaufen, verlaufen, abschalten, überholen

Seite 73: Bist du fit?

4.

die Einsamkeit, die Heiterkeit, die Dunkelheit, die Finsternis, die Krankheit, die Gemeinheit

5.

kauf-: kaufen, Verkauf, abkaufen, Kaufvertrag, Verkäuferin,

hol-: überholen, holen, Erholung, abholen

find-: Erfindung, Findling, finden, Finderlohn, zurückfinden

Auswertung

Von insgesamt **39 Punkten**

hast du _____ Punkte erreicht.

Super!	In Ordnung!	Bitte noch einmal üben!
39 bis 31 Punkte	30 bis 20 Punkte	unter 20 Punkten

Seite 74

1.

Das unbekannte Flugobjekt

Jenny und Jonas fahren mit dem Fahrrad die Straße entlang / plötzlich hören sie über sich ein lautes Rauschen / da schwebt ein seltsames Flugobjekt über sie hinweg / es dreht eine Runde und landet dann auf der Wiese / wie erstarrt stehen Jenny und Jonas da und bewegen sich nicht von der Stelle / das Flugobjekt gibt einen quietschenden Ton von sich / dann wird die Landungsbrücke ausgefahren/

2.

Das unbekannte Flugobjekt

Jenny und Jonas fahren mit dem Fahrrad die Straße entlang. Plötzlich hören sie über sich ein lautes Rauschen. Da schwebt ein seltsames Flugobjekt über sie hinweg. Es dreht eine Runde und landet dann auf der Wiese. Wie erstarrt stehen Jenny und Jonas da und bewegen sich nicht von der Stelle. Das Flugobjekt gibt einen quietschenden Ton von sich. Dann wird die Landungsbrücke ausgefahren.

Seite 75

3.

Ich komme von dem Planeten Alphastern.
Ich war vier Tage und vier Nächte unterwegs.
Hier sieht es sehr schön aus.
Es gibt viele Steine und Felsen auf unserem Planeten.
Die Sonne scheint den ganzen Tag.
Es ist sehr heiß und trocken auf unserem Planeten.

Seite 76

1.

Wer seid ihr? Wir sind zwei Kinder.
Wie heißt ihr? Wir heißen Jenny und Jonas.
Wo wohnt ihr? Wir wohnen in Heimstadt.
Warum seid ihr hier? Wir haben eine Radtour gemacht.
Wohin wollt ihr gleich? Wir wollen nach Hause.

Seite 77

2.
Wer?, Wie?, Wo?, Warum?, Wohin?

3.
a) Wer bist du?
b) Wie heißt du?
c) Woher kommst du?
d) Warum bist du hier?
e) Was willst du hier?
f) Wohin willst du?
g) Womit wirst du zurückfliegen?

Seite 78

1.

Lisa:
Oh nein! Das gibt es doch nicht!
Hilfe! Verschwinde, so schnell du kannst!
Lass meine kleine Schwester und meinen kleinen Bruder in Ruhe!

Jenny:
Oh Lisa! Beruhige dich!
Sei freundlich zu diesem Außerirdischen!

Jonas:
Lauf nicht weg!
Hab keine Angst vor ihm!

Seite 79

2.
Komm zu uns!
Spiel mit uns!
Zeig mir/uns dein Ufo!
Komm mit mir/uns zur Schule!
Bleib für immer bei mir/uns!

3.
Bitte komm zu uns!
Bitte spiel mit uns!
Bitte zeig mir/uns dein UFO!
Bitte komm mit mir/uns zur Schule!
Bitte bleib für immer bei mir/uns!

Seite 80

1.

Liebe Marie,

was glaubst du, was mir heute passiert ist?
Als ich heute mit Jonas im Park war, haben
wir ein Ufo gesehen. Es landete direkt vor
unseren Augen auf einer Wiese.
Was sagst du jetzt? Ich wette, du lachst.
Schäm dich dafür! Es ist nämlich wahr.
Jonas und ich hatten zuerst große Angst. Was
wollte der Außerirdische hier? Wollte er uns
gefangen nehmen?
Aber das Männchen auf der Landungsbrücke
war sehr freundlich. Es rief: „Kommt her!
Spielt mit mir! Nehmt mich mit zu euren
Freunden!"
Und das taten wir auch. Wir luden ihn ein, mit
in die Schule zu kommen.
Wie geht es dir? Schreib mir bald zurück!
Deine Jenny

Es gibt:
8 Punkte
5 Fragezeichen
5 Ausrufezeichen

Seite 81

2.

Hier gibt es verschiedene Lösungsmöglichkeiten. Bitte jemanden, zum Beispiel deine
Eltern, deine Lösungen zu überprüfen.

3.

Hier gibt es verschiedene Lösungsmöglichkeiten. Bitte jemanden, zum Beispiel deine
Eltern, deine Lösungen zu überprüfen.

4.

Hier gibt es verschiedene Lösungsmöglichkeiten. Bitte jemanden, zum Beispiel deine
Eltern, deine Lösungen zu überprüfen.

Seite 82

1.

Die Begleitsätze sind so unterstrichen:
Begleitsatz

Der Außerirdische sagt: „Ich habe noch nie
einen Menschen gesehen."
Jonas antwortet: „Und ich habe noch nie einen
Außerirdischen gesehen."
„Im Fernsehen gibt es sie schon", überlegt
Jenny.
„Ja, da schon", erwidert der Außerirdische
lachend. „Aber ich bin echt."
Jenny fragt: „Gibt es dort, wo du herkommst,
noch mehr von deiner Art?"
„O ja, natürlich!", gibt der Außerirdische zur
Antwort.
„Wenn ich meine Freunde nicht hätte", ergänzt
er, „dann würde ich mich doch furchtbar
einsam fühlen."
Jonas wirft sofort ein: „ Das verstehe ich gut!"
„Lass uns doch Freunde sein", fügt Jenny
hinzu.
„Denn dann", beteuert sie, „bist du doch auch
hier auf der Erde nicht einsam."
Der Außerirdische lächelt die Kinder an: „Ja,
ihr habt recht. Lasst uns Freunde sein!"

Seite 83

2.

Jenny fragt: „Darf ich dich mal anfassen?"
Der Außerirdische antwortet: „Aber meine
Haut ist ganz kalt."
Jenny ruft: „Du bist so kalt wie ein Frosch!"
Der Außerirdische grinst und sagt: „Ja, das
stimmt! Und mein Blut ist genauso grün."
Jonas bekommt große Augen. Er ruft: „Du bist
das Spannendste, was ich je gesehen habe!"

Seite 84

1.

„Das finde ich komisch", staunt Jonas.
„Darf ich dich mal anfassen?", fragt Jenny.
„Du bist so kalt wie ein Frosch!", ruft Jenny.

Seite 85

2.

Die wörtliche Rede wird so markiert: wörtliche
Rede
Die Begleitsätze werden so markiert:
Begleitsätze

„Ich bin so glücklich", freut sich Jenny, „dass
ich den Außerirdischen anfassen durfte."
„Es ist komisch", fügt Jonas lachend hinzu,
„denn er war ganz kalt."
„Ich finde", staunt Jenny, „er fühlt sich wie ein
Frosch an."

3.

Die wörtliche Rede wird so markiert: wörtliche
Rede
Die Begleitsätze werden so markiert:
Begleitsätze

Besuch in der Klasse

„Jenny, wen hast du denn da mitgebracht?",
fragt Jennys Freundin Lale.
„Das ist Uomi. Er ist ein Außerirdischer",
erzählt Jenny.
Peer fragt: „Was macht er denn bei uns?"
Jonas antwortet: „Er will die Menschen
kennen lernen."
„Herzlich willkommen in unserer Klasse", sagt
die Klassenlehrerin.
„Vielen Dank", antwortet der Außerirdische.
„Es ist sehr interessant bei den Menschen."
„Du kannst für immer bei uns bleiben", schlägt
Jenny vor.

Seite 86 und 87

1. und 2.
Es ist spät geworden

„Ich muss zu meinem Heimatplaneten zurück",
sagt der Außerirdische.
Da werden Jenny und Jonas sehr traurig.
„Wir bringen dich zu deinem Ufo zurück",
schlägt Jonas vor.
Sie gehen zusammen zu der Wiese.
„Kommst du bald wieder?", fragt Jenny.
„Aber ja!", erwidert der Außerirdische.
„Spätestens im nächsten Sommer bin ich
wieder da."
Jenny lächelt. „Dann bin ich nicht mehr
traurig", sagt sie.
Der Außerirdische steigt in sein Ufo.
Er winkt noch aus dem Fenster.
„Tschüss bis bald!", rufen Jenny und Jonas.
„Und pass auf dich auf!"

Seite 88: Bist du fit?

Soweit nicht anders angegeben, erhältst du für jedes richtige Ergebnis einen Punkt.

1. Welches Satzzeichen kommt nach einem Ausrufesatz?
☒ ein Ausrufezeichen

Welches Satzzeichen kommt nach einem Aussagesatz?
☒ ein Punkt

Welches Satzzeichen kommt nach einem Fragesatz?
☒ ein Fragezeichen

2.
Frage: Wann geschah etwas Ungewöhnliches?
Frage: Was landete?
Frage: Wer stieg aus dem Ufo?

Seite 89: Bist du fit?

3.
Beide Kinder hatten große Angst vor Uomi.
Jenny und Jonas hatten noch nie einen Außerirdischen gesehen.
Uomi war noch nie in seinem Leben in der Schule.
Uomi winkt zum Abschied aus dem Fenster des Ufos.

4.
Hast du schon einmal einen Außerirdischen gesehen?
Man weiß nicht, ob es sie wirklich gibt.
Aber in unserem Planetensystem sind keine fremden Wesen bekannt.
Oh, wie gut!

Vielleicht gibt es sie aber trotzdem.
Das werden wir wohl nie erfahren.
Ach, wie schade!
Man soll die Hoffnung nie aufgeben.
Dann werden die Menschen also weiter nach Außerirdischen suchen?
Ich weiß es nicht.
Ach komm, lass uns das Träumen nicht aufgeben!
Also gut, werden wir doch einfach Astronauten.

Seite 90: Bist du fit?

5.
Der Außerirdische sagt: „Ich komme vom Planeten Alphastern."
Jonas fragt: „Was willst du hier?"
Jenny ruft: „Ich habe ein bisschen Angst!"
Uomi antwortet: „Ihr braucht keine Angst vor mir zu haben."

6.
„Ich komme vom Planeten Alphastern", sagt der Außerirdische.
„Was willst du hier?", fragt Jonas.
„Ich habe ein bisschen Angst!", ruft Jenny.
„Ihr braucht keine Angst vor mir zu haben", antwortet Uomi.
„Du bist sehr nett", sagen Jonas und Jenny.
„Das ist schön. Ihr seid freundliche Kinder", bedankt sich Uomi bei ihnen.

Seite 91: Bist du fit?

7.

„Ich freue mich", <u>sagt Uomi</u>, „dass ich zwei so gute Freunde gefunden habe."

„Ist es möglich", <u>fragt Jenny</u>, „dass wir dich mal besuchen können?"

„Ich kann es kaum abwarten", <u>erwidert Uomi lachend</u>, „euch auf meinem Planeten zu sehen."

„Wir versprechen dir", <u>sagt Jonas</u>, „dass wir bald kommen werden."

8.

Die Begleitsätze werden so markiert: Begleitsatz

Die wörtliche Rede wird so markiert: wörtliche Rede

„Uomi steigt nun in sein Ufo!", <u>ruft Jonas</u>.

<u>Jenny ruft</u>: „Wann kommst du wieder?"

„Ich bin ganz sicher", <u>sagt der Außerirdische</u>, „dass ich im nächsten Sommer wiederkomme."

„Dann kommst du aber mit zu uns nach Hause", <u>schlägt Jenny vor</u>.

<u>Jonas ruft</u>: „Meine Mutter wird sich wundern, wenn sie dich sieht."

Auswertung

Von insgesamt **40 Punkten**

hast du _____ Punkte erreicht.

Super!	In Ordnung!	Bitte noch einmal üben!
40 bis 33 Punkte	32 bis 21 Punkte	unter 21 Punkten

Seite 92

1.

Vielleicht möchtest du jemandem vorlesen?

2.

Ein Vulkanausbruch ist **sehr gefährlich** für die Menschen.

Für die Menschen **ist** ein Vulkanausbruch sehr gefährlich.

Ist **ein Vulkanausbruch** für die Menschen sehr gefährlich?

Sehr gefährlich ist ein Vulkanausbruch **für die Menschen**.

Seite 93

3.

Die Masse nennt man Lava.

Man nennt die Masse Lava.

Lava nennt man die Masse.

Nennt man die Masse Lava?

4.

Auf unserer Erde gibt es fünfhundert aktive Vulkane.

5.

1. Es gibt fünfhundert aktive Vulkane auf unserer Erde.

   Es gibt auf unserer Erde fünfhundert aktive Vulkane.

2. Fünfhundert aktive Vulkane gibt es auf unserer Erde.

3. Gibt es auf unserer Erde fünfhundert aktive Vulkane?

   Gibt es fünfhundert aktive Vulkane auf unserer Erde?

Seite 94

1.

Vielleicht möchtest du jemandem vorlesen?

2.

Einen schrecklichen Vulkanausbruch
verursachte der Krakatou.

Im Jahre 1883 explodierte der Vulkan.
Der Vulkan explodierte im Jahre 1883.

Die Explosion bewirkte eine riesige Flutwelle.

Bei dieser Flutwelle kamen viele Menschen
ums Leben.
Viele Menschen kamen bei dieser Flutwelle
ums Leben.

Die Höhe der Flutwelle betrug 36 Meter.
36 Meter betrug die Höhe der Flutwelle.

Seite 95

3.
Vulkane
Sehr gefährlich ist ein Vulkanausbruch
für die Menschen. Die Erde bricht dabei
an einer Stelle auf.
Eine rot glühende Flüssigkeit schießt dann
heraus. Lava nennt man diese heiße Masse.
Die Lavamasse kühlt an der Luft ab.
Zu festem Gestein verwandelt sie sich.
Auf dem Meeresgrund kommt es täglich
zu Vulkanausbrüchen.

Vulkane

Ein Vulkanausbruch ist sehr gefährlich für
die Menschen. Die Erde bricht dabei an einer
Stelle auf. Dann schießt eine rot glühende
Flüssigkeit heraus. Diese heiße Masse nennt
man Lava. Die Lavamasse kühlt an der Luft
ab. Sie verwandelt sich zu festem Gestein.
Auf dem Meeresgrund kommt es täglich zu
Vulkanausbrüchen.

Seite 96

1.

Ein kleiner Kratersee funkelt türkisblau in der
Sonne.
Frage: Wer funkelt türkisblau in der Sonne?
Antwort: Ein kleiner Kratersee.

Da tritt eine Wissenschaftlerin plötzlich in ein
Lehmloch.
Frage: Wer tritt plötzlich in ein Lehmloch?
Antwort: Eine Wissenschaftlerin.

Nun sind ihre Schuhe ganz schmutzig.
Frage: Was ist ganz schmutzig?
Antwort: Ihre Schuhe.

Seite 97

2.
Vulkanexpedition auf Island
a) Eine Gruppe von Wissenschaftlern
   startet zu einer Vulkanexpedition.
b) Mittags erreichen sie
   den Vulkanberg.
c) Ein kleiner Kratersee funkelt
   türkisblau in der Sonne.
d) Die Erde blubbert.
e) Überall sieht man
   schwarze warme Lavamasse.

f) (Die Wissenschaftler) (nehmen) viele Bodenproben) (mit)

g) (Zu Hause) (untersuchen) (sie) (die Proben) unter dem Mikroskop)

3.

a) eine Gruppe von Wissenschaftlern

b) sie

c) ein kleiner Kratersee

d) die Erde

e) man

f) die Wissenschaftler

g) sie

Seite 98

1.

Die Menschen der Stadt Pompeji <u>sitzen</u> um den Mittagstisch.
Sie <u>essen</u> Haselmäuse und Fischsoße.
Plötzlich <u>verdunkelt</u> sich der Himmel.
Es <u>kracht</u> und <u>dröhnt</u>.
Dann <u>fließt</u> eine heiße Lawine aus Lava durch die Stadt.
Einige Menschen <u>fliehen</u> aus der Stadt.
Andere <u>bleiben</u> in ihrer Wohnung.
Doch eine Gas- und Aschewolke <u>erstickt</u> jedes Leben.
Die Lavamassen <u>begraben</u> alles unter sich.

Seite 99

2.

Vulkane (heißen) auch Feuerberge.
Die Menschen (dachten) früher:
Im Berg (brennt) ein Feuer.
Die Erdkugel (enthält) sehr heißes, flüssiges Gestein.
Diese heiße Magma (fließt) beim Ausbruch aus dem Vulkan.

Die Menschen (nennen) sie dann Lava.
Im Vulkan (ist) also gar kein Feuer.

3.

Ein Vulkan **fördert** nicht nur Gestein, Asche und Wasserdampf.
Ein Lavastrom **fließt** an den Seiten des Vulkans hinab.
Dabei **wirkt** er wie ein brennender Fluss, der alles, was ihm im Weg steht, **verbrennt** und **niederwalzt**.
Erstarrt die Lava, **wird** der Vulkan höher.

Seite 100

1. und 2.

Der Stadtschreiber schreibt einen Bericht.
Die Menschen essen Haselmäuse und Fischsoße.
Der Himmel verdunkelt die Stadt.
Die Bürger helfen den Kindern.
Die Lavamassen begraben Menschen und Tiere.

Seite 101

3.

Die Vulkanasche verdunkelt <u>den europäischen Himmel</u>.
Frage: Wen/was verdunkelt die Vulkanasche?
Antwort: Den europäischen Himmel.
Es ist ein Akkusativ-Objekt.

Die Spanier schließen die <u>Flughäfen</u>.
Frage: Wen/was schließen die Spanier?
Antwort: Die Flughäfen.
Es ist ein Akkusativ-Objekt.

Reisende drohen <u>den Fluggesellschaften</u>.
Frage: Wem drohen Reisende?
Antwort: Den Fluggesellschaften.
Es ist ein Dativ-Objekt.

Experten befürchten **ein Chaos**.
Frage: Wen/was befürchten Experten?
Antwort: Ein Chaos.
Es ist ein Akkusativ-Objekt.

Seite 102

1.
Subjekt
Prädikat
Objekt

Der Vulkan spuckt **Feuer**.
Die Menschen verlassen **die Stadt**.
Das Gestein heißt **Magma**.

2.

Wer oder was?	Was tut er?	Wen oder was?
Ein Vulkan	spuckt	Feuer
Subjekt	Prädikat	Objekt

Wer oder was?	Was tut es?	Wen oder was?
Das heiße Gestein	verschüttet	das Land.
Subjekt	Prädikat	Objekt

Seite 103

3. und 4.
Erloschene Vulkane füllen sich oft mit Wasser.
Tiefe Seen entstehen.
Solche Vulkanseen findet man auch in Deutschland.
Diese Seen heißen Maare.

Viele Maare befinden sich in der Eifel im Westen Deutschlands.
Das tiefste Maar befindet sich bei Daun in der Eifel.
Die Menschen nennen es Pulvermaar.
Das Pulvermaar hat eine Tiefe von 75 Metern.
Kinder schwimmen gern darin.

Seite 104: Bist du fit?

Soweit nicht anders angegeben, erhältst du für jedes richtige Ergebnis einen Punkt.

1.
Zum Beispiel:
Vor Vulkanausbrüchen fürchten sich die Menschen.
Fürchten sich die Menschen vor Vulkanausbrüchen?

2.
Teile eines Satzes, die man bei einer **Umstellprobe** an den Satzanfang umstellen kann, heißen **Satzglieder**. Satzglieder können aus einem **einzelnen** Wort oder aus mehreren Wörtern bestehen.

3.
Für einen guten Text sind besonders die **Satzanfänge** wichtig.
Stelle an den **Anfang**, was du wichtig findest: Die **Umstellprobe** hilft dir dabei.

Seite 105: Bist du fit?

4.

Prädikat – Was tut jemand? / Was geschieht?
Subjekt – Wer oder was?
Objekte – Wen oder was? / Wem?

5.

Die glühende Lava	schoss	aus dem Vulkan.
Die Menschen	flüchteten	aus der Stadt.
Der Vulkan	richtete	große Schäden an.

Seite 106: Bist du fit?

6.

<u>Lavamasse</u> besteht aus heißem Gestein.
Frage: Wer oder was besteht aus heißem Gestein?
Antwort: die Lavamasse

Ein paar Jahre später brach <u>der Vulkan</u> erneut aus.
Frage: Wer oder was brach ein paar Jahre später erneut aus?
Antwort: der Vulkan

Auf einer Insel richtet <u>eine Vulkanexpolsion</u> großen Schaden an.
Frage: Wer oder was richtet auf einer Insel großen Schaden an?
Antwort: eine Vulkanexposion

<u>Erkaltete Lava</u> bildet neues Land um die Insel herum.
Frage: Wer oder was bildet neues Land um die Insel herum?
Antwort: erkaltete Lava

Die Menschen können das neue Land erst viele Jahre später nutzen.
Frage: Wer oder was kann das neue Land erst viele Jahre später nutzen?
Antwort: die Menschen

Seite 107: Bist du fit?

7.

Wie heiß das Wort Satzaussage auf lateinisch? **Prädikat**
Wie fragt man danach?
Was tut jemand?/Was geschieht?

8.

In den meisten Sätzen gibt es **Objekte**.
Das Akkusativ-Objekt antwortet auf die Frage **wen oder was**?
Die Erde spuckt Lava.
Frage: **Was** spuckt die Erde?
Antwort: Lava.
Das Dativ-Objekt antwortet auf die Frage **wem**?
Vulkane gefallen Kindern.
Frage: **Wem** gefallen Vulkane?
Antwort: Kindern

9.

Subjekt, Prädikat Objekt
Vulkanausbrüche sind große Katastrophen.
Lava und Asche bedecken das Land.
Die Menschen verlassen ihre Stadt.

Auswertung
Von insgesamt **29 Punkte**
hast du _____ Punkte erreicht.

Super!	In Ordnung!	Bitte noch einmal üben!
29 bis 23 Punkte	22 bis 15 Punkte	unter 15 Punkte